MANEJO DE LA IRA

La guía completa para superar tu ira y estrés usando el Enfoque de conciencia plena

SIMON GRANT

© **Copyright 2020 por Simon Grant - Todos los derechos reservados.**

Este documento está orientado a proporcionar información exacta y fiable con respecto al tema y la cuestión abarcada. La publicación se vende con la idea de que el editor no está obligado a prestar servicios de contabilidad, oficialmente permitidos, o de otro modo, calificados. Si el asesoramiento es necesario, legal o profesional, se debe ordenar a una persona que ejerce en la profesión.

De una Declaración de Principios que fue aceptada y aprobada por igual por un Comité de la Asociación Americana de Abogados y un Comité de Editores y Asociaciones.

De ninguna manera es legal reproducir, duplicar o transmitir ninguna parte de este documento en medios electrónicos o en formato impreso. La grabación de esta publicación está estrictamente prohibida y no se permite cualquier almacenamiento de este documento a menos que con el permiso por escrito del editor. Todos los derechos reservados.

La información proporcionada en este documento se declara veraz y consistente, en el sentido de que cualquier responsabilidad, en términos de falta de atención o de otro modo, por cualquier uso o abuso de cualquier política, proceso o dirección contenida en el mismo es la responsabilidad solitaria y absoluta del lector destinatario. Bajo ninguna circunstancia se tendrá ninguna responsabilidad legal o culpa contra el editor por cualquier reparación, daño o pérdida monetaria debido a la información aquí contenida, ya sea directa o indirectamente.

Los autores respetuosos son propietarios de todos los derechos de autor que no posee el editor.

La información aquí contenida se ofrece con fines informativos únicamente, y es universal como tal. La presentación de la información es sin contrato ni ningún tipo de garantía.

Las marcas comerciales que se utilizan no tienen ningún consentimiento, y la publicación de la marca comercial es sin permiso o respaldo por parte del propietario de la marca. Todas las marcas comerciales y marcas dentro de este libro son sólo para fines clarificadores y son propiedad de los propios propietarios, no afiliados a este documento.

Tabla de Contenidos

Introducción

En el mundo en el que vivimos hoy, no es de extrañar que la gente sufra de ira. Nos alimentan tantos estímulos que la mente siempre está ocupada. De hecho, la sobrecarga sería una palabra apropiada para explicar lo que nuestro mundo cotidiano hace al cerebro. Usted puede ser multitarea – que por cierto no funciona – y al mismo tiempo comprobar para ver qué alertas tiene en su teléfono. Usted puede ser interrumpido por los ruidos en el mundo a su alrededor, o simplemente puede estar enojado con las personas que conoce por razones que son bastante cojos cuando se trata de la importancia general de la vida. Una cosa es segura. Si continúas permitiendo esta sobrecarga, es inevitable que vayas a experimentar ira y luego algo. La ira puede ser el resultado de ser abrumado; esto tiene tantas formas diferentes que pensé que valdría la pena crear un libro sobre el tema. Utilizo la atención plena para ayudar a las personas con manejo de la ira y mi tasa de éxito confirma el hecho de que funciona y es algo que se puede adoptar fácilmente en su vida.

¿Alguna vez has pensado en lo que está pasando en el cerebro cuando estás enojado? Bueno, si es así, has venido al lugar correcto para encontrar información. Esto no está escrito de una manera médica compleja porque eso aumentaría su sobrecarga. Lo que he hecho es tomar el problema de la ira y aislarlo, explicando lo que está sucediendo y por qué está sucediendo, y luego han establecido alternativas para usted usando un sistema llamado mindfulness. Es posible que hayas oído hablar de ello de pasada, y tal vez pienses que es un poco "ahí afuera" querer participar, pero básicamente, la atención plena está devolviendo tu mente al momento presente y ser capaz de desterrar pensamientos del pasado o preocupaciones sobre el futuro. Es realmente tan simple como eso, pero lo que no sabes es lo que está sucediendo entre bastidores, y cuando lo entiendas un poco mejor, verás que es la única manera de avanzar. Te ayuda a ayudarte a ti mismo.

De hecho, este tipo de tratamiento ha llegado a ser tan exitoso en estos días que los médicos en el Reino Unido lo están prescribiendo para las personas que tienen problemas en lugar de ponerlos en medicamentos que de otra manera podrían extender su ansiedad a largo plazo. El problema con las drogas es que aunque hay avances continuos que se están haciendo en el campo de la medicina, cuando se trata de problemas de la mente, sabemos que la ansiedad y las enfermedades relacionadas con la ansiedad están en aumento. Yo no sugeriría que la ira es una enfermedad, pero créeme, si no se arremete, puede llegar a ser una.

Hace muchos años, el sistema de atención plena fue descubierto en los Estados Unidos, pero hay otras fuentes de las que deriva esta práctica. Por ejemplo, sabemos que volviendo hasta Cristo, la gente practicaba el arte de la meditación. Por lo tanto, eran conscientes de los beneficios de calmar la mente en esa etapa. Imagínate lo que esa gente pensaría en el mundo de hoy. Hay tanta influencia externa en nuestras vidas que supongo que los chicos que idearon las nuevas nociones sobre la atención plena tuvieron en cuenta el factor de estrés tal como se aplicó en el siglo XX en comparación con las tensiones que pueden dejar de ser relevantes para hoy. Las prácticas dentro de este libro combinan tanto las prácticas originales como las prácticas más nuevas y están diseñadas para ayudarte a obtener el control sobre lo que está pasando en tu mente y combatir la ira.

También hay áreas del libro que se ocupan del proceso de ira y cómo se produce. Es posible que no sepas, por ejemplo, qué partes del cerebro están activas durante los episodios de ira y lo que está sucediendo hormonalmente dentro de tucabeza, y de hecho, el resto de tu cuerpo. El instinto de lucha o huida se explicará para que al final de la lectura de este libro, usted estará en una mejor posición para hacer algo positivo sobre su ira y aprender a vivir en armonía con sus pensamientos, en lugar de tener miedo de ellos.

La ira combina varios factores, y la atención plena contrarresta esto porque te hace mirar dentro de ti mismo. También te hace mucho más consciente de otras personas de una manera más empática, para que ya no proporcionen un estímulo para tu ira. El hecho es que la ira es algo que un individuo puede controlar dadas las herramientas adecuadas, y eso es exactamente lo que este libro proporciona; el saber cómo hacer eso. Controlas la salud de tu mente hasta cierto punto, y con atención plena, levantas la ante y haces posible tener el control total de tus patrones de pensamiento y la forma en que reaccionas a las diferentes circunstancias que se presentan durante el transcurso de tu vida.

Espero que disfruten leyéndolo y que les ayude en su camino hacia convertirse en una mejor persona. Cuando has combatido la ira, comienzas a ver el mundo desde una perspectiva mucho más positiva y puedes disfrutar de tu convivencia con los demás de una manera más fructífera. Tal vez usted ha probado todo tipo de remedios diferentes para la ira, pero este libro proporciona suficiente información para que usted pueda tratar con esto por su cuenta. Incluso puede optar por leerlo con su pareja para que ambos estén caminando el mismo paseo, y se les asegurará que está tomando las medidas necesarias para frenar su ira en el futuro.

Aunque puedas dudar de tu capacidad para usar la atención plena como remedio para tu ira, sé de mente abierta. Ha ayudado a tantas personas a seguir adelante en sus vidas y a encontrar soluciones a los problemas cotidianos. Dejar ir los pensamientos también se trata en el libro, y aunque puede parecer una de las cosas más difíciles de hacer, usted puede sorprenderse de lo fácil que puede distraer la mente en el lado de la positividad para reemplazar los pensamientos enojados. Tal vez un viaje a través de este libro sea fructífero.

Capítulo Uno

El Cerebro Durante Episodios de Ira

"La gente enojada no siempre es sabia." -
Jane Austen – Orgullo y prejuicio

Como ya debes saber, hay ciertos desencadenantes que probablemente harán que la ira suceda. Mientras que los desencadenantes no son culpables, el cerebro cree que son y responderá con ira cuando ocurran estos desencadenantes comunes. Recuerda, es tu percepción de las cosas externamente, pero también es la reacción de tu cerebro la que hace que la ira sea una influencia tan negativa en tu vida. Es fácil señalar las cosas y decir que estas son las razones por las que pierdo los estribos, pero el camino más difícil es mucho más duradero porque lo que estudiarás es lo que está sucediendo en el cerebro y cómo puedes contrarrestarlo para que tu propia respuesta a los cambios desencadenantes. Sabes muy bien que algunas personas experimentan lo que parece ser una falta de ira. No se ponen des llegar por las cosas. Otros se ajustarán a la más mínima cosa, pero la base de estos desencadenantes podría ser cualquiera de los siguientes:

Decepción – Un desencadenante común de la ira, aunque la decepción es creada por expectativas que no ocurren. Usted puede esperar que su hijo obtenga buenas calificaciones, pero sus expectativas de esas calificaciones pueden ser la razón por la que el niño falló. Verás, cuando tienes expectativas, pones limitaciones a lo que es aceptable para ti y lo que no,, y la ira sigue a la decepción en las personas que te rodean, o en eventos que prometen ser mejores de lo que realmente son. El aspecto más importante aquí es su propio enfoque. Por ejemplo, si usted da un regalo con la expectativa de recibir un regalo, entonces usted no está dando realmente en absoluto. Tiene ataduras. Puedes evitar la decepción simplemente bajando tus expectativas de los demás o incluso reconociendo que no tienes derecho a esperar nada de los demás. Cuando cambias tu enfoque y reduces tus expectativas, descubrirás que la felicidad reemplaza la decepción y que eres gratamente sorprendido por la gente que te rodea en lugar de estar enojado, y que la ira es causada por la decepción.

Juicio - Uno de los mayores desencadenantes de la ira es el juicio, razón por la cual el juicio está excluido de la atención plena. En el momento en que juzgas algo, te pones en una posición en la que no tienes derecho a estar. Juzgas a los demás. Te enojas porque no están a la mejor de tus expectativas o porque no encajan en tus normas morales. Descubrirás cómo el juicio te afecta más que a los demás durante el transcurso de este libro. Mindfulness te anima a ver el panorama general o a entender que cada ser humano tiene derecho a una opinión. Cuando lo miras desde una postura más compasiva, descubres que siempre hay razones por las que las opiniones de otras personas difieren de las tuyas. También se te enseñará cómo ampliar tu empatía, pudiendo así ponerte en la piel de aquellos a quienes actualmente juzgas. La historia no siempre es tan clara como crees que es.

Miedo – Si respaldas a un lobo en una esquina, lo que produces en ese lobo es miedo. El lobo no sabe cómo salir de esa situación, y la ira se convertirá en la única manera de que pueda lidiar con este miedo. Es lo mismo para los seres humanos por una muy buena razón. Dentro del cerebro, las sustancias químicas se liberan para ayudar a prevenir el peligro. La respuesta de lucha o huida a la vida tenía más sentido para nuestros antepasados, porque los peligros que tenían que enfrentar todos los días pueden haber terminado con sus vidas. Sin embargo, la respuesta de lucha o huida no ha evolucionado realmente hacia el siglo XXI es una manera muy significativa. Sí, te ayudará cuando te pongan en peligro, pero es más probable que te cause ira y frustración porque te sientes atrapado. Esto, a su vez, libera ciertas hormonas dentro de su cuerpo, y el resultado de esto es la ira.

Rechazo – No todos los que sufren rejection lo contestan con ira, pero algunos lo hacen, y no hay nada peor que sentir que no estás a la medida. Es casi como ser desfilado delante de los demás y burlado; en esta situación, puede estimular la parte del cerebro que libera la lucha o las hormonas de vuelo que tratan de ayudar a su cuerpo a lidiar con lo que está sucediendo. La ira viene de la frustración de saber que fallaste o de convertirte en una decepción para aquellos que te importan. Sin embargo, cuando aprendes a lidiar conel rechazo de una manera nueva y lo usas como una lección devida, comienzas a desarrollar una nueva forma de ver la vida y una mejor comprensión de las cosas que están sucediendo en tu vida. Mindfulness te ayuda a hacer eso.

Las partes del cerebro que lidian con la ira

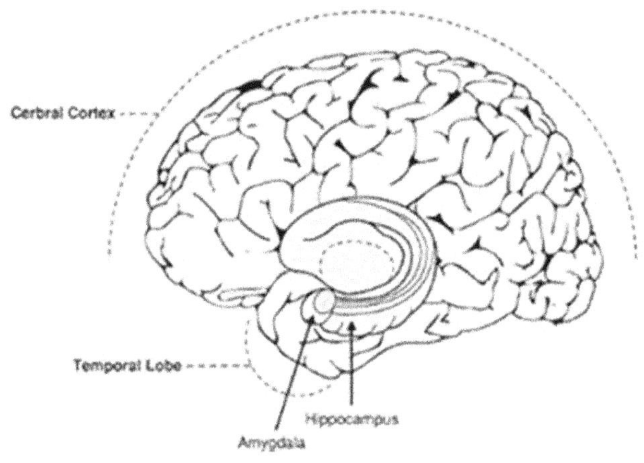

La parte de Amygdala del cerebro es la primera afectada por la emoción de la ira. Si hablas de las cosas que te hacen sentir enojado, entonces es esta parte del cerebro la que lo siente primero. Es responsable del miedo y otros elementos de tu vida que pueden dar paso a la ira. ¿Recuerdas cómo te sientes cuando escuchas el ejercicio de un dentista? O tal vez sientas una sensación horrible cuando escuchas tiza en una pizarra. Estos recuerdos que pertenecen al miedo o la asociación con cosas negativas serán tratados en esta área del cerebro. También es un centro para la liberación de hormonas para contrarrestar o preparar el cuerpo para contrarrestar ese miedo.

Hay todo tipo de cosas que se activan dentro del cerebro cuando esta sección detecta peligro. Por ejemplo, la frecuencia cardíaca puede aumentar y la presión arterial aumenta. Usted puede encontrar que sus pupilas están dilatadas y que su metabolismo natural aumenta. La razón de esto es la auto-preservación del cuerpo, pero ya que realmente no necesitamos estar tan alerta en la vida cotidiana, también puede resultar en ira debido a todos los cambios que ocurren dentro del cuerpo y la liberación de hormonas para hacerte más rápido y más receptivo a lo que está pasando a tu alrededor. Lo bueno de la anatomía es que hay maneras en estos días de medir esta área, y las exploraciones IMR han llegado muy útiles para determinar cuán activa es esta parte de la anatomía cuando las personas están haciendo cosas como la meditación. ¿Qué tiene que ver eso con la atención plena? Tendrás que esperar para obtener esa respuesta, pero quedarás impresionado. Por el momento, es suficiente saber que los desencadenantes de la ira comienzan en esta área del cerebro cuando responde a los estímulos.

El área del hipocampo del cerebro es la parte del cerebro responsable de ordenar recuerdos importantes. Por ejemplo, si usted tiene miedo de las serpientes, entonces esta parte del cerebro indicará al cerebro que el miedo presenta un peligro cuando se ve una serpiente. Recuerda todas las cosas que consideras importantes, y lo hace monitoreando tu reacción a diferentes cosas durante el curso de tu vida. Esto entonces desencadenará la amígdala, que está cerca para hacer algo para ayudarle a contrarrestar ese peligro. Cuando controlas tus respuestas a los estímulos en tu vida a través de la atención plena, reeducas la parte del cerebro que se ocupa del miedo, la ira, el rechazo y todos los impactos negativos que pueden tener en tu vida.

Así que el ciclo comienza. El hipocampo le dice a la amígdala que libere hormonas, aumente la presión arterial y te prepare para la batalla. Sin embargo, esto también puede prepararte para la ira, si te enfrentas a una situación a la que tu cerebro sabe que respondes con ira. Por supuesto, el Gran Hermano – el hipocampo – es alguien de quien no puedes esconderte porque inteligentemente idea en cada individuo donde puede preparar a ese individuo para cualquier tipo de peligro que se perciba, y eso incluye tus respuestas de ira.

Así que si el cuerpo está trabajando en tu contra, ¿cómo puedes cambiarlo? El hecho es que puedes adaptar tus respuestas para que tu hipocampo recuerde cosas diferentes. Si usted toma el ejemplo de miedo o fobia, introducción gradual a las cosas que teme, bajo la supervisión médica, por supuesto, puede ayudarle a deshacerse de las fobias para que su cerebro no tire las campanas de alarma. Bueno, es más o menos lo mismo para tus desencadenantes de ira. Cuando aprendes mindfulness, vuelves a entrenar el cerebro para que no responda de la misma manera, y si quieres pruebas de esto, como probablemente lo harás, toma el ejemplo de un neurocientífico estadounidense. Este video de YouTube (How Meditation Can Reshape Our Brains: Sara Lazar at TEDx Cambridge 2011) está ahí fuera para que cualquiera lo vea y fue hecho por un neurocientífico calificado que no pensó que habría ninguna diferencia en el cerebro si practicabas la atención plena. La Dra. Sara Lazar, con todos sus estudios sobre la anatomía del cerebro humano, no creía que la atención plena o la meditación pudieran marcar la diferencia en la forma en que el cerebro responde a ciertosdesencadenantes. Sin embargo, ella estaba en un shock. Después de haber realizado exámenes de resonancia magnética de cerebros, fue capaz de ver claramente por su propia experiencia que la forma de la mente podría cambiar y que la experiencia de la atención plena la haría más tolerante, compasiva y empática.

De hecho, este video es tan impresionante que lo uso con estudiantes que están aprendiendo mindfulness; les recuerda por qué lo están haciendo y mostrarles que ellos también pueden experimentar la misma paz interior que la Dra. Lazar encontró después de su propia experiencia de atención plena. La forma del cerebro se altera durante el transcurso de su vida, y su propia entrada puede alterarlo también; esto dio lugar a que muchas personas estén convencidas de que la atención plena tiene un papel que desempeñar en el cambio de su factor de ira y puede eliminar la negatividad que ve como parte de su vida cotidiana. Este cambio de la forma del cerebro fue particularmente relevante en el caso de las personas que meditaron regularmente.

Durante un episodio de ira normal, el hipocampo le dice a la amígdala que libere hormonas en el cuerpo y que prepare el cuerpo para la lucha o el vuelo. Pero no tiene que hacer esto. Si usted ya está programado para manejar la vida sin ira, entonces el hipocampo en su lugar verá su patrón de pensamiento como normal y no desencadenará esas reacciones. Por lo tanto, no te enojas por cosas que pueden haber trabajado anteriormente para enojarte mucho. Es una cuestión de entrenamiento y también respuestas repetitivas que permiten al hipocampo cambiar su punto de vista sobre si necesitas enojarte o no. Si quieres culpar a alguien por tu ira, culpa al hipopótamo porque realmente, es su culpa, pero eres tú quien creó los recuerdos que el hipocampo tiene querido, así que necesitas seguir adelante y enseñarle otras maneras de ver las situaciones que suceden en el futuro.

Este libro fue escrito con ese propósito específico para ayudarte a controlar la forma en que la mente responde a la vida. En los próximos capítulos, te mostraré métodos para ayudarte a hacer precisamente eso. Las asociaciones hechas por el hipocampo se pueden cambiar, y eso es lo que lo hace todo interesante. El miedo a las alturas puede ser superado por la exposición gradual para que el hipocampo ya no relacione el miedo con entrar en una situación que normalmente habría estimulado el miedo. El factor miedo se reduce, y el hipocampo no responde de la misma manera porque sabe que has experimentado menos miedo. Sobrescribes lo que se almacena allí por los cambios que haces en tu vida, y a lo largo de toda la vida muchas cosas pueden cambiar su importancia para ti. De lo que puede confiar es en el hipocampo para apreciar estos cambios y registrarlos.

Capítulo Dos

¿Qué es Mindfulness o conciencia plena ?

"Nuestra vida está moldeada por nuestra mente. Nos convertimos en lo que pensamos". Buda

Cuando les explico esto a los alumnos, me limito a afirmar que la atención plena es ser consciente de este mismo momento. Por supuesto, tienen preguntas, y muchas de ellas, pero las más comunes son acerca de lo que la atención plena en realidad es. Está bien que te digan algo, pero necesitas confiar en él para que sea parte de tu vida cotidiana, de hecho necesitas saber qué es la atención plena si vas a practicarla. Aquí está una lista de lo que no es que también es útil para determinar lo que hace que la atención plena funcione:

No es concentración

No está tratando de hacer algo

No es un ejercicio de hacer o romper, sino uno que usted practica diariamente

No hay carrera para hacerlo bien

No es como si te mides a ti mismo por tu logro

Permítanme explicar estas cosas más. Por ejemplo, en este mundo competitivo, estamos acostumbrados a concentrarnos o tratar de hacer cosas que importan. Bueno, la atención plena es un estado mental y se equilibra con ejercicios de respiración. No puedes intentar concentrarte en ello porque una vez que lo haces, pierdes el aspecto de la atención plena de ella. Por ejemplo, se le puede pedir que no piense en absoluto, así que si se está concentrando, entonces inmediatamente está rompiendo la regla de simplemente estar en ese momento. No se necesita concentración, y la concentración puede destruir la atención plena. En lugar de esto, simplemente colocas tu mente en el momento. La respiración que haces es en una serie de conteos para que seas consciente de lo que tu cuerpo está haciendo mientras respira. Normalmente, usted da todo esto por sentado. Después de todo, si no respiramos, no sobreviviríamos, pero el tipo de respiración que aprendes con atención plena es intencional y mucho más profundo que tu respiración diaria promedio. ¿Sabes lo grandes que son tus pulmones? Probablemente no, pero la mayoría de las personas no usan toda la capacidad de sus pulmones cuando respiran. La respiración superficial normal es a lo que estamos acostumbrados. Cuando hagas los ejercicios más adelante en el libro, aprenderás a respirar de cierta manera que es consciente en lugar de pensar en respirar y luego hacerlo. La concentración elimina la espontaneidad de la atención plena, y se trata de estar presente, en lugar de tener tu mente en otro lugar.

Las cosas a tener en cuenta durante la atención plena son tus propios sentidos. Debido a que nuestras mentes están tan ocupadas con otras cosas, en estos días, prestamos poca atención a nuestro sentido de la vista, el tacto, la audición, el olfato, etc. y estas se vuelven muy importantes para la atención plena. Imagínate si un poco como volver a lo básico y empezar de nuevo. En el mundo real que te enfatiza y te enoja, hay tantas cosas que juegan en tu mente y si las imaginas como cajas de cartón almacenadas en tu cabeza, a la izquierda medio abierta, hay muy poco asombro por qué no puedes controlar las emociones que siguen saliendo de estas cajas. Mindfulness te ayuda a cerrar las cajas y reemplazarlas con paz interior para que la ira no sea una respuesta automática a la vida. Es muy inteligente, y en realidad funciona muy bien de hecho. Funciona en las áreas del cerebro que son responsables de sus respuestas a la vida. Ya sabes que el hipocampo almacena tus recuerdos, pero lo que hace que cada individuo sea especial es el hecho de que cada hipocampo almacena cosas diferentes porque todos somos únicos, y todos tenemos acciones y recuerdos únicos.

Cuando intentas hacer algo, esperas tener logros al final de la misma. Con la atención plena, no hay juicio de sí mismo, así que no tienes la misma moderación. No estás tratando de lograr nada más que el control de temperamento. Por lo tanto, durante sus sesiones de atención plena, usted dejaría ir esas percepciones y simplemente ir con el flujo de la lección o la sesión en casa, no tratando de hacer nada, sino simplemente aprendiendo a ser en ese momento. Eso es bastante difícil al principio para las personas que han sido educadas para pensar antes de tomar acciones, pero es factible, y una vez que aprendes a hacerlo, tienes control sobre mucho más que tu ira. ¿Alguna vez has visto el tejido de una abuela? Lo más probable es que ella sea capaz de hacer eso sin siquiera darle una idea porque se ha vuelto automático. Es esta automatización la que buscas cuando entras en la atención plena. Simplemente lo eres, en lugar de intentar algo en particular.

Cuando haces ejercicio, tienes expectativas, como que puedes decirte a ti mismo que saltarás durante un tiempo determinado, o que harás tantas repeticiones de ejercicios dentro de tu régimen de ejercicios. Además de dejar de lado una pequeña cantidad de tiempo cada día para incorporar la atención plena, no es un deporte, por lo que no tienes que tener expectativas de lograr nada. Algunas personas encuentran esa parte de la atención plena muy difícil de sobrellevar, pero a lo largo de este libro, aprenderás a hacer precisamente eso. No es una carrera. No hay ganadores ni héroes. Simplemente estás ejercitando una forma diferente de respirar y tal vez incluso una manera diferente de alimentar la positividad al hipocampo para que tus respuestas cambien, y estés más tranquilo dentro de ti mismo.

¿Qué hay de la medición de su logro? Bueno, todo lo que puedo decir en este sentido es que no necesitas medir tu logro porque lo sentirás. Estarás menos ansioso y más capaz de ser comprensivo y amable con los demás, y así tu manejo de la ira estará en control. También serás más feliz y más capaz de sentir positividad, y eso es un maravilloso efecto secundario de la atención plena. Ves más y aprecias más y ya no estás tan ocupado que no puedes parar a oler las rosas. ¿Significa que lograrás menos? De hecho, significa que lograrás más porque eres más consciente de lo que puedes y no puedes hacer y más inclinado a probar cosas nuevas.

¿Qué es Mindfulness??

Si retrocedes en el tiempo a una época antes de que Jesús naciera, los sabios y los sabios practicaron la meditación y la atención plena para tratar de mejorar su comprensión espiritual del mundo. Por supuesto, no hay muchos testamentos escritos de este tiempo, pero sí sabemos que al Buda original que vivió varios siglos antes de Cristo, se le enseñó esta habilidad por lo que debe haber existido en el tiempo en forma de meditación. Sin embargo, dado que el mundo occidental ve las cosas de manera diferente a otras culturas, se le ocurrió a Jon Zabat-Zin, de la Universidad de Massachusetts, que había algunas bases en la teoría de que la atención plena era relevante en esta época y que podía ser utilizada para ayudar a las personas a encontrar la paz mental y para manejar el estrés e incluso la ira. Se basaba en la filosofía oriental y en gran parte de las enseñanzas de los budistas y el budismo Zen,pero con una ligera diferencia: se relacionaba más con la gente del mundo occidental. Aunque te preocupe involucrarte en algo "Zen", no se te pedirá que hagas nada de naturaleza religiosa. Simplemente se le enseñará un enfoque diferente de la vida, uno que le hará la vida mucho más fácil. La atención plena que conocemos hoy en día se modifica en el que aunque utiliza la premisa original, refleja la vida del siglo XXI y probablemente se necesita más ahora que en cualquier momento de nuestra historia, debido al ruido del mundo en el que vivimos y la invasión perpetua de nuestras mentes por anuncios, estrés, expectativas sociales, etc. Nuestra idea de éxito en estos días se mide por las ganancias y lo que poseemos, y no debería ser porque francamente, ser rico no hace que el hombre rico sea más feliz o más cumplido personalmente. Puede hacer su vida un poco más fácil, pero sólo hay que mirar ejemplos de personas que son ricas que están luchando con identidades, como el príncipe Guillermo en el Reino Unido o personas cuyas fortunas realmente los han hecho recluidos.

Las clases comenzaron, y el tipo de ejercicios en los que la gente participaba ejerció que excluía el sentimiento de juicio. El juicio siempre va a producir emociones negativas, y estas añaden al estrés, por lo que la falta de juicio era imperativa para el proceso de atención plena. Simplemente estar en el momento y ser conscientes del momento era la premisa que se utilizaba para que fuera relevante para las personas de todas las religiones, para que pudieran obtener una mejor calidad de vida. Creo que independientemente de su religión, le ayuda a entender todas las prácticas de atención plena para saber en qué se basa el budismo. No es una religión per se, es una filosofía, así que incluso las personas de tu religión o cualquier religión pueden practicarla. La filosofía budista surgió cuando el príncipe Siddhartha Gautama, que nació en una familia real adinerada, descubrió por primera vez cómo sufría la humanidad. Había vivido una vida privilegiada, protegida de todas las cosas malas por su padre el Rey, y cuando se aventuró en el mundo, se sorprendió al ver cómo las personas envejecen, cómo sufren y cómo el sufrimiento afecta a la humanidad en general. Aunque esta es una historia que se remonta a mucho tiempo, meditó en la búsqueda de soluciones al sufrimiento de la humanidad y se le ocurrieron pautas para la vida que mejorarían la forma en que la gente vivía. Estos formaron la base del budismo desde un punto de vista muy simplista, pero es todo lo que necesitas saber en esta etapa para entender la atención plena. El camino ocho veces era el camino que sugería que la gente seguía para limitar su propio sufrimiento, y tenía razón:

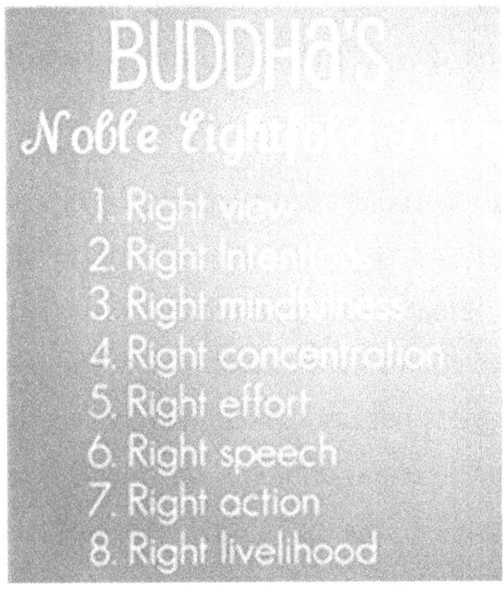

Vista correcta – estaba mirando la vida de la manera correcta.

Intenciones correctas – lo que significa intenciones honorables

Right Mindfulness – significaba ser consciente de la vida que te rodea.

Concentración correcta – simplemente significaba estar en lugar de estar ausente.

Esfuerzo correcto – Poner en el trabajo que usted necesita poner en.

Discurso correcto : no decir cosas que se lastimen a sí mismo o a los demás.

Acción correcta – haciendo lo correcto.

Sustento correcto – aunque esto estaba dirigido a las personas de la época, significaba que tu trabajo no debía estar explotando a los demás o no ser ético.

La base de la filosofía budista comenzó aquí con estos caminos simples, pero si los llevas a tu vida o no determina cuánta infelicidad experimentas como resultado. Todas estas cosas pueden estar relacionadas con tu ira. Por ejemplo, si rompes alguna de estas maneras, lo que estás haciendo es alentar la negatividad en tu vida, y la negatividad misma alimenta la mente con pensamientos negativos que pueden conducir a la ira. Son reglas de sentido común que cualquiera puede aplicar a sus vidas, e incluso si decides permanecer en el mismo trabajo y mezclarte con las mismas personas que pueden hacerte enojar, cambiará la forma en que miras la vida, y por lo tanto el factor de ira será conquistado al comenzar a ver la vida de una manera diferente. Estos principios son tan fáciles de relacionar dentro de la era moderna y son eficaces en todas las sociedades, y también podemos relacionarnos con ellos en el mundo occidental. ¿Qué tiene de complicado tener el enfoque correcto de la vida, ser conscientes de lo que decimos, ser conscientes de nuestras acciones y actuar de manera moral? Estas son todas partes de la base del budismo, pero simplemente fueron concebidas para ayudar a las personas en general, ya sean budistas o no, a mejorar sus vidas. Mindfulness tiene todo esto en cuenta y te permite la libertad de explorar los elementos de tu vida hasta el punto de que eres consciente de lo que está pasando dentro de ti en lugar de simplemente concentrarte en valores externos y cambios externos.

Entonces, ¿qué más es Mindfulness?

Una de las cosas que los estudiantes encuentran más difíciles de aceptar es que la atención plena te coloca en este momento actual en el tiempo y que los pensamientos del pasado o las preocupaciones sobre el futuro no entran en juego. Quiero que pruebes un experimento corto. Sabemos que tienes miles de pensamientos en el proceso de un día. Ahora siéntate en una silla y ponte cómodo. Cierra los ojos por un momento y trata de detener tus pensamientos. Respira y ve cuánto tiempo duras antes de que los pensamientos se inunden en tu mente, y aparecen cadenas de pensamientos. El problema es que una mente humana está orientada hacia la negatividad para la autoprotección, pero el hecho es que no vivimos en esos tiempos en los que necesitamos todo este pensamiento negativo. No estamos en peligro inminente en cada momento de nuestras vidas, así que no hay necesidad de seguir agarrando los pensamientos negativos para tratar de superar este momento en el tiempo.

Tus procesos de pensamiento sólo están orientados de esta manera hasta que tú hagas cambios, y la atención plena te ayuda a hacerlo porque la palabra consciente significa ser consciente, en lugar de cómo nuestros abuelos nos enseñaron a ser conscientes de nuestros modales. Se trata de la conciencia, y eso es lo que te ayudará a superar tu ira, como demostraré en los capítulos venideros.

Anota en un diario cuánto tiempo duraste sin pensar nada. No habrá sido mucho tiempo en absoluto, pero a medida que avances en el libro, tu atención aumentará, y tu experiencia será mejor. El punto es que viniste a este libro para encontrar respuestas. Las respuestas están ahí, pero tienes que querer encontrarlas, y sólo puedes hacerlo practicando la atención plena de forma regular. Te mostraré cómo. Por el momento, cuando encuentres un hueco en tu día, simplemente cierra los ojos y trata de vaciar esos pensamientos respirando y siendo consciente de tus sentidos.

La atención plena incluye momentos en tu día en los que realmente observas la vida en lugar de permitir siempre que lo que los budistas llaman la "mente mono" esté a cargo de lo que estás pensando. Es muy fácil dejar que los pensamientos huyan contigo, pero la atención plena te ayudará a retroceder en el momento para que aprendas cuándo esos pensamientos son apropiados y cuándo no lo son. La atención plena te ayudará a sentirte más tranquilo. Te ayudará a disfrutar mejor de tu vida y de tus relaciones, pero sobre todo te quitará gran parte de la ira que sientes porque serás más compasivo con los demás y entenderás que hay muchas perspectivas en la vida y a veces tus perspectivas no se alinean con las de otras personas, pero eso no es razón para mostrar ira. Cuando aceptas que la vida está cambiando para siempre y ves las perspectivas de los demás, también entiendes que lo que te hace enojar en este momento puede convertirse en historia en el próximo momento. La atención plena da un paso en tu vida cuando la dejas, y al usarla como tu guía para la vida, puedes evitar ponerte en la situación de juicio de estar enojado debido a todos los desencadenantes que te han enfadado en el pasado.

Ahora pruébalo de nuevo, y en lugar de tratar de pensar en nada, simplemente piensa en tu respiración. Escucha que la respiración entra en tu cuerpo y siente que llena la parte superior del abdomen. Luego exhala y sigue haciendo esto para ver cuánto tiempo toma antes de que otros pensamientos invadan tu espacio en la cabeza. Puedes superar esto, y puedes pasar de la ira. De hecho, si un ser querido está sugiriendo que la ira es un problema, muéstrale a ese ser querido que estás haciendo un esfuerzo dejándoles ver el libro. Ayudará a tranquilizarlos, pero hará más que eso. Te mantendrá comprometido con el proceso de aprender a usar la atención plena para contrarrestar tu ira.

Durante el transcurso de la próxima semana, trata de ser lo que llamamos observador. Eso significa mirar las cosas que normalmente da por sentado. Por ejemplo, ¿cómo te hace sentir cuando tu pareja hace ciertas cosas? Puede ser el hecho de que tu pareja te presente una gran comida o simplemente un pequeño hábito que tu pareja tiene que te haga sentir bien con la vida. Explora todos los elementos de la naturaleza que te hacen sentir bien. Alimentar a las aves si lo desea, o simplemente observar las estaciones a través de lo que las plantas están haciendo. Pasamos gran parte de nuestro tiempo centrándonos en pensamientos que realmente no importan en el gran esquema de las cosas, e ignoramos los que sí importan - el clima, las formaciones de nubes, el olor de las flores, la naturaleza que nos rodea, o las cosas que podemos sentir con nuestros sentidos. ¿Cuándo fue la última vez que olías algo fantástico? Repasalo y recuérdalo. Tu cuerpo fue construido de cierta manera para ayudarte a disfrutar más de la vida. Tus oídos, para escuchar los sonidos más maravillosamente edificantes, tus ojos, para ver todos los colores del mundo que te rodea. Tus papilas gustativas fueron inventadas para ayudarte a disfrutar de sabores y texturas. Sus yemas de los dedos son capaces de distinguir entre terciopelo y plástico, pero lo que la vida del siglo XXI ha hecho se toma todas esas cosas por sentado y las pone en el estante trasero en favor de lo que llamamos progreso. Mindfulness te ayuda a recuperar esto de nuevo y a entender de una mejor manera cómo tu cuerpo interactúa con el mundo que lo rodea.

En el transcurso de los próximos capítulos, vas a involucrarte en aprender todo sobre la atención plena, pero por el momento, conscientemente te harás más consciente del entorno en el que vives con el uso de tus sentidos. Esto ayudará a tu intuición. Ayudará a su positividad, y sin duda le hará sentir algo más que la ira.

Capítulo Tres

Cómo Afecta la Ira a las Relaciones

"La ira no resuelve nada. No construye nada,
pero puede destruirlo todo".

Necesito incluir este capítulo porque la ira tiene consecuencias. No puedes decir algo con ira y esperar que otros lo olviden a toda prisa. ¿La razón? Lo que dices lastima a la gente que te rodea, y cuando sigues haciendo promesas huecas que lo intentarás mejor, desafortunadamente, también has perdido la confianza de aquellas personas que te importan. La ira sale de todo tipo de formas, pero las consecuencias son claras:

- Dices cosas de las que luego te arrepientes

- Tienes que vivir con las consecuencias de lo que dices

- Nunca puedes recuperar las cosas una vez que se hablan

- Usted puede herir a las personas que ama simplemente usando la ira como respuesta

Ahora echemos un vistazo a las ventajas del control de la ira y la atención plena:

- La gente confiará más en ti con sus sentimientos

- Las personas a su alrededor serán abiertas y comunicativas

- La gente no te temerá

- La gente podrá ver a un ser humano compasivo en lugar de un gruñón

La mente no está trabajando en su forma más racional cuando muestras ira. Es como una tetera que ha estado cerca de hervir, y la única manera de que puedas avanzar desde ella es mostrar tu ira justo cuando la tetera hirviendo expulsa vapor y mucho. Sin embargo, hay otras formas de avanzar. En este momento, no conoces esas respuestas, por eso has venido aquí en primer lugar. Quiero que trates de hacer algo por mí, y este ejercicio puede ser personalmente doloroso.

Quiero que cierres los ojos y pienses en algo que alguien te dijo que te lastimó hasta elfondo. Aunque tal vez nunca tengamos que volver a esos momentos de dolor de nuevo, es importante que sientas la ira que se dirigió hacia ti. Usted debe sentir su impacto y sentir el dolor asociado con él porque eso es lo que su ira hace a otras personas, si usted es consciente de ello o no. La razón por la que quiero que hagas esto es que necesitas que te recuerden cómo duele la ira y pueden seguir doliendo muchos años en el futuro. Sé personalmente que las cosas que mis padres me dijeron cuando era niño todavía tienen un impacto ahora, y tal vez eso es lo que tu ira está haciendo a la gente que amas.

Jackie era hija única. Tenía miedo de alejarse de las limitaciones que sus padres le habían puesto. Ella quería ser bailarina, pero sabía que su padre nunca aprobaría eso. De hecho, ella había abordado el tema una vez, y él se había enfadado y abusivo al respecto. Por lo tanto, ella nunca volvió a decir eso. Jackie pasó por la mayor parte de su vida, resentido por el hecho de que nunca pudo hacer lo que tenía el corazón puesto. No hablaba de baile de discoteca. Hablaba de una carrera como bailarina, pero ahora era demasiado tarde para que eso sucediera. Toda su vida, se había inclinado a los deseos de su padre porque le temía hasta el punto de que ninguno de sus propios deseos en la vida era relevante. Sin embargo, el resentimiento duró toda una vida. La ira puede cortar en el alma misma, y aunque no lo quieras decir, las palabras descuidadas en el momento equivocado pueden estar matando los sueños de otra persona, y es posible que nunca seas consciente de que eres culpable de ello.

Con la ayuda de la atención plena, aprenderás a no infligir tu ira a los demás, sino a aprender a contenerla y a volver con respuestas razonables que ayuden a resolver situaciones en lugar de empeorarlas. Algunas de las formas en que puedes aprovechar la ira son las siguientes:

Creando espacio entre tú y el disparador de nuestra ira

A menudo, cuando ocurre ira, todo el cuerpo se prepara para liberar hormonas que te hacen un poco irracional. Cuando te sientas enojado, una de las mejores cosas que puedes hacer es aprender a decir: "No puedo lidiar con esto en este momento en el tiempo, pero estaré feliz de aclarar cualquier malentendido más tarde". Entonces vete. Alimentar tu ira es como tirar gasolina al fuego. Nunca te hace sentir bien, y hace que la gente a tu alrededor sienta miedo. Por lo tanto, si pones distancia entre ti y la fuente de tu ira, eres más capaz de mirar las cosas desde la perspectiva de la distancia y dar sentido a lo que te hizo enojar. Esta es la primera línea de enfoque cuando ocurre la ira. A veces la mano de obra te hace querer tener tu opinión, pero al final del día, ¿realmente importa para el panorama más amplio de tu vida?

Este espacio que creas entre tú y tu ira es saludable, y deberías tratar de concentrarte en otras cosas. Dar un paseo por el parque. Ir a dar un paseo y simplemente mirar a su alrededor, siendo conscientes del campo. No añadas combustible a la ira, pero simplemente suéltalo hasta que puedas volver con respuestas que sean lógicas y que no impliquen ningún tipo de ira en absoluto.

Mirando el problema desde la perspectiva de los demás

Si su hijo hace algo terriblemente mal, lo más probable es que el niño estuviera tratando de obtener la aprobación de sus compañeros. El problema aquí es que usted es el adulto, y le resulta difícil entender por qué su hijo haría algo que parecía tan infantil e irrazonable. El hecho es que su hijo necesitaba hacerlo. Es tan simple como eso. Los niños necesitan cometer errores para que aprendan de ellos. Lo más probable es que su hijo ya esté arrepentido por lo que se hizo. Su ira no hará que el niño se sienta mejor por lo que hizo. Simplemente añadirá combustible al fuego que ya está en su mente. Lo que usted necesita entender es por qué su hijo hizo lo que hizo, y usted sólo puede hacerlo usando la perspectiva, examinando lo que se hizo y por qué cree que el niño lo justificaría, desde su perspectiva. Cuando sacamos el juicio de la imagen, como lo hacemos con la atención plena, usted llega a sentir empatía, lo que no significa que deje que su hijo se salga con la suya con cualquier cosa que el niño decida hacer, pero usted aprende a discutir lo que sucedió y por qué y se les ocurre soluciones aceptables en lugar de castigos que hacen que su hijo le tema. La ira no lo corta. Usted es el adulto. Tienes que predicar con el ejemplo.

Puedo darle un caso de historia aquí de un padre cuyos hijos le tenían miedo físicamente. Era su costumbre tratar con sus hijos quitándose el cinturón y golpeándolos. Esto no mostró ninguna empatía en absoluto y no hizo que el niño dejara de comportarse mal. Sin embargo, hizo que el niño creciera con falta de respeto por su padre. Si no quieres que esa sea la respuesta de tus hijos, necesitas cambiar tu actitud de ira a manejo de la ira, y estamos a punto de presentarte a la atención plena, lo que te ayudará a hacer precisamente eso. La otra forma en que la vida del niño podría haber ido sería que él podría haber repetido la ira de su padre con sus propios hijos, simplemente porque no conocía otra manera. Hay dos maneras en que los niños van. Aborrecen el tratamiento que se les dio y aprenden a ser mejores que el ejemplo que se les da, o creen que es la respuesta normal de un adulto al mal comportamiento de un niño, que no lo es, y van a repetir eso con sus propios hijos.

Ya hablé de las consecuencias de la ira, pero las consecuencias a largo plazo son mucho más graves y tocan más vidas de las que te imaginas. La ira es destructiva. Puede causar fisuras en las relaciones. Puede causar daños a los niños que pueden durar toda la vida, y nunca va a ser la respuesta correcta cuando se trata de los problemas que enfrentan una familia en el día a día. La ira empeora los problemas. El caso del que hablé anteriormente fue un caso real, y el daño psicológico no se limitó al niño. La esposa de la persona en cuestión también se vio afectada durante años después del evento y perdió el respeto por su marido. La ira hará eso, y el daño que hace puede vivir en la mente de aquellos que lo experimentan durante muchos años después. Es hora de reconocer que tienes un problema y empezar a lidiar con él, y te ayudaré si me lo permites.

Usted puede pensar que la ira sólo afecta a aquellos que están siendo castigados, pero de hecho, tiene un impacto negativo en usted también. Puede que no lo sepas, pero poco a poco, descompones ese elemento de autoestima de ser tú, y cuando lo haces, te haces más miserable y más difícil para que cualquiera pueda seguir adelante.

No quiero detenerme demasiado en la ira, pero sí quiero subrayar que su ira está mal dirigida, sin importar a quién esté dirigida. La ira te hace menos persona, y el mundo entero puede ver eso, y en algún momento u otro, te hará sentir inferior e incapaz de tener relaciones decentes con la gente. Si usted es el tipo para ajustarse a los demás, la atención plena le ayudará a hacer eso. La otra rama de la ira es que conduce a una mentalidad negativa, y que sale comoansiedad, y a veces depresión. Incluso si usted todavía no ha sufrido de cualquiera de los dos, Ten en cuenta que dejar que esas hormonas jueguen al infierno con su cuerpo sobre una base regular eventualmente tendrá su peaje. Es un trabajo duro para el corazón. Es difícil para la presión arterial, y la presión arterial contribuye a su salud física. Los accidentes cerebrovasculares pueden ser una consecuencia, al igual que el cáncer o incluso las enfermedades cardíacas. Por lo tanto, mantener todo bajo su propio control le ayudará a vivir más tiempo, así como tener una convivencia más feliz con las personas a su alrededor.

Te mostraré maneras de reemplazar la ira a lo largo de este libro, y eso ayudará a tus relaciones con tu familia, tus hijos, tus colegas y cualquiera que se cruce en tu camino. Debes recordar en todo momento que la ira lastima a la gente, y no estás exento de esto. Es como autolesionarse sin las cuchillas de afeitar. Si empiezas a pensar en ello de esta manera, estarás aún más inclinado a probar los ejercicios de atención plena que se describen en este libro y convertirte en una mejor persona en el proceso. Las palabras enojadas tienen consecuencias, y no son sólo ustedes los que tendrán que vivir con esas consecuencias.

Anota las cosas que te han enfadado y sigue a quien haya sido afectado por la ira que mostraste. Puede sorprenderte. El hecho es que la ira está fuera de control de las emociones, y cuando se ponen tan mal, todo el mundo a tu alrededor te evita o trata de cumplir con tus deseos, pero nadie realmente te respeta por tu estado enojado. Ciertamente no es algo de lo que estar orgulloso o aspirar. Cuando eliminas la ira de tu vida, eres capaz de ver a una mejor persona cuando te miras al espejo; sabes que has aprendido compasión y sabes que puedes ser un amigo mucho mejor para aquellos que pueden haber sido cautelosos de ti en el pasado.

Capítulo Cuatro

Mirando en Nuestros Disparadores

"Explica tu ira en lugar de expresarla, y encontrarás soluciones, en lugar de argumentos."

Para la próxima semana, quiero que tomes nota de todas las cosas que desencadenan tu ira. En lugar de permitir que ese gatillo funcione, deténgase, respire y anote lo que desencadenó esa sensación de ira. Lleve un cuaderno para que pueda mantener registros de su propio comportamiento. La razón por la que necesito que hagas esto es para que puedas reconocer tu propia debilidad al responder de esta manera a ciertos eventos en tu vida. Tal vez alguien te hizo enojar mientras conducías. Lo que tienes que empezar a ver es la situación tal como es en realidad, en lugar de simplemente desde tu propia perspectiva. Nunca conoces las circunstancias de nadie más, y tal vez la persona que te molestó tenía una razón para hacerlo. El hecho de que lo juzgues de tal manera que te enojes es tu problema, y esto es lo que necesitas cambiar. Tal vez el conductor fue tan inexperto que cometieron un error. No importa si nadie resultó herido. Lo que importa es tu juicio de la situación, que llevó a tu ira. Quita el juicio y la ira no sucede. Es tan simple como eso. La compasión va un largo camino hacia la comprensión de acciones alternativas que son más aceptables. Les daré un ejemplo de lo que necesito que escriban y analicen.

¿Qué desencadenó mi ira? – Alguien conducía mal.

¿Cómo respondiste? – Le pité el cuerno y le estreché el puño.

Posibles consecuencias de la ira. En este caso, la chica que conducía puede haber estado asustada por el sonido del pitido, y puede haber sido intimidada por el temblor de su puño. Por lotanto, no se añade nada a la situación, excepto el peligro potencial y la falta de pensamiento para un conductor relativamente inexperto. Las posibles consecuencias de sus acciones podrían haber sido un accidente. ¿Habría valido la pena? Muchas cosas desafortunadas suceden como consecuencia de la ira, por lo que necesitas mirar el panorama general de tu ira y tratar de tomar notas de cuáles son las consecuencias. El problema aquí es que es posible que no te des cuenta de las consecuencias que sufren aquellos a quienes has mostrado tu ira.

Cada vez que se activa la ira, respira y exhala y piensa en lo que desencadenó tu ira, cómo te sentiste, cómo responderías normalmente, cómo respondiste habiendo mantenido tu ira. Usted encontrará que la alternativa siempre va a producir mejores resultados que la ira.

Hay un truco que puedes usar para deshacerte temporalmente de tu ira. Quiero que respires a la cuenta de ocho.y exhales a la cuenta de diez. Mientras haces esto, estás ayudando a tu cuerpo a normalizarse. La presión arterial vuelve a la normalidad. El latido del corazón baja, y tu temperamento disminuye. Sigue respirando de esta manera, incluso si tienes que excusarte de la situación por un momento mientras haces esto. Mientras respiras, entra en el momento observando cosas que te rodean como el cielo, los árboles, el ambiente y todo lo que te conmueve por tus sentidos. Lo que estás haciendo es permitirte calmarte, y cuando estés más tranquilo, tu respuesta a sentirte enojado será mucho más fructífera.

William caminó por el parque cuando se enojó cuando descubrió que lo que sucedió fue que la energía que gastó durante la caminata permitió que los pensamientos bajaran desde el punto de ebullición y comenzaran a calmarse en su mente. También descubrió que a menudo encontraba soluciones a los problemas simplemente dejándolos ir por un momento. Un ejemplo aquí es hipotético, pero los problemas que tiene en un momento pueden ser completamente diferentes en el siguiente, y este escenario se está utilizando para explicar eso. Supongamos que William fue al parque a dejar sus problemas. Todavía tiene sentimientos negativos por su esposa, pero al mismo tiempo, sabe que la energía quema al caminar lo calmará. Mientras tanto, mientras piensa algo desagradable en su esposa, ve a un niño a punto de caer en el canal. Lo que hace a continuación es increíble. Ve que el peligro del niño es más importante que la ira que siente hacia su esposa, y salva al niño. Así de fugaz pueden ser los pensamientos enojados. En un momento, es posible que desee golpear a alguien, pero al momento siguiente, puede encontrar que surge algo que es más importante que el impulso de golpear. Estos son pensamientos transitorios que van y vienen, y usted necesita entender lo volubles que son. William recordó volver a casa con su esposa después de ese rescate y sentirse muy agradecido de que no fuera su hijo el que había caído al canal. Su ira fue reemplazada por la gratitud por algo mucho más importante para él.

Veamos qué hace la ira. Te enojas con alguien y gritas. La ira no se detiene ahí. La ira crea miedo, y crea una situación mucho peor que el problema original. Cuando un hombre se enoja con su hijo por decir mentiras, es probable que la causa de las mentiras sea que el niño tiene miedo de su padre, y es la ira del padre lo que hace que el niño le mienta en primer lugar. Puedo citar casos en los que esta ha sido la situación, y no ayuda a nadie. No ayuda al niño a discutir las cosas con su padre, y no ayuda al padre porque cree que todo lo que el niño dice son mentiras. El daño a largo plazo causado por la ira también lo convierte en una actividad infructuosa. Ahora piensa en cómo un padre podría haber lidiado con la situación. Hablar tranquilamente con el niño acerca de sus actividades sin temor a estar involucrado puede no darle respuestas que desea escuchar, pero al menos esas respuestas no serán como resultado del miedo a su temperamento. Tienes que aceptar que todos vemos el mundo desde diferentes perspectivas, pero que eres el adulto y que es tu trabajo servir un ejemplo; no perder los estribos y discutir situaciones abierta y honestamente sin gritar o arremete.

Tus gatillos podrían ser cualquier cosa. Todos son diferentes. Por ejemplo, no me gusta la estupidez. No estoy interesado en que la gente sea deshonesta, pero en lugar de enojarme por estas cosas, todo una decisión – me voy si no puedo hacer ninguna diferencia en la situación, o lo discuto si creo que la discusión puede ayudar a mi propio entendimiento. Durante la próxima semana, mientras escribes lo que desencadenó la ira, escribe tu forma habitual de responder y luego replantear la situación y llegar a respuestas más aceptables que harían que la situación fuera mejor, en lugar de empeorar la situación. Todo el tiempo que estás haciendo esto, recuerda el roll-off de la ira o la diferencia que hará a las personas que están involucradas en la situación de enojo; esa es la parte que la gente enojada a menudo olvida, en un intento de conseguir su punto a travésde . ¿Vale la pena? ¿Vale la pena la ira? La respuesta es firme no. De hecho, si puedes ganar lo que quieres de la vida sin temer a la gente, es probable que sea mucho más gratificante para todos.

Piensa en ti mismo como si pasaras por los movimientos de entender tu propia ira. Esto ayuda considerablemente porque cuando observas tus propias acciones y las controlas, tomas una postura mucho mejor y es probable que descubras que la vida se vuelve más fácil, pero que los problemas de esta naturaleza que te hacen enojar minimizan. Lo mejor de esto es lo que sucede con sus niveles de estrés, ya que comienzan a ser más manejables. Muchas personas vuelven a los medicamentos cuando están estresados, e incluso puedes encontrar si eres uno de ellos, que no los necesitas tanto como lo haces ahora, una vez que tienes control de tu presión arterial y la forma en que abordas la ira. Sin embargo, asegúrate de que tienes los análisis de sangre adecuados y la aprobación del médico antes de decidir detener las meditaciones para la presión arterial alta. Esto es extremadamente importante, ya que la presión arterial alta no es el problema aquí. Es la ira lo que la causa, y aunque puedes sentirte mejor por haber calmado tu ira, puede haber razones subyacentes por las que el médico te tiene tomando estos medicamentos en primer lugar.

Capítulo Cinco

Presentación de Mindfulness

"Desperdiciamos tanta energía tratando de encubrir quiénes somos cuando debajo de cada actitud está el deseo de ser amado, y debajo de toda ira hay una herida que se debe sanar y debajo de toda tristeza está el temor de que no haya suficiente tiempo". Mark Nepo

Usted puede ser un poco escéptico acerca de la atención plena, y eso es normal. No es tu estado mental normal, y puede ser difícil al principio empezar a introducirlo en tu vida. En este ejercicio, me gustaría que te hicieras una taza de tu bebida favorita. Mientras lo estás haciendo, concéntrate completamente en lo que estás haciendo y trata de desterrar los pensamientos que te llegan y que no son relevantes para este momento. Disfruta del calor de la copa en tus manos. Disfruta del aroma de la bebida. Disfruta del primer sorbo que golpea tus papilas gustativas, pero en lugar de simplemente tragar como lo harías normalmente, deja que la bebida se siente en tu lengua por un momento para que puedas disfrutar del sabor. Siéntese a beber para que pueda relajarse. El objetivo del ejercicio es mostrar lo que es la atención plena. Es cuestión de estar presente en este momento para que todo lo que está sucediendo en tu mente sea relevante para este preciso momento en el tiempo. Por ejemplo, puede haber pájaros fuera de la ventana o nubes en el cielo. El sol puede estar brillando, o puede estar lloviendo. Observa el mundo con todos tus sentidos, y cada vez que te encuentres pensando en cosas que no son relevantes para este momento, detente y vuelve a ser en este momento.

Puede parecer un montón de alboroto para usted, pero usted necesita luchar contra esos pensamientos irrelevantes que pasan por su mente para que pueda apreciar todo sobre el momento en que se encuentra. Cuando te preocupas por el futuro, o te preocupas por algo que sucedió hace un día, hace una semana o incluso en la última hora, no estás viviendo en este momento, sino que estás viviendo en retrospectiva. Esto añade cajas de cartón sin abrir de pensamientos en tu mente para que tu mente esté llena de cosas que incluso pueden desencadenar tu ira. Por lo tanto, aprender a hacer esto te ayudará a volver a este momento en el que necesitas calmarte y empezar a observar las cosas que te rodean para que te sientas más tranquilo y relajado.

No te enseñaré meditación para este momento en el tiempo, sino que simplemente estoy demostrando cómo puedes controlar lo que sucede en tu mente y ver estos pensamientos como invasivos. Imagínese como imágenes que se ven en un tren que pasa, y un momento están allí, y luego se han ido. Los pensamientos problemáticos no tienen que componer parte integral de cada momento de vigilia. Todos tienen su tiempo y ahora no es ese momento. Cuando la gente habla de mindfulness, su primera pregunta es: "¿Significa esto que estoy evitando problemas al dejar de lado esos pensamientos?" y la respuesta es no. Todos los problemas que enfrentas en tu vida tienen que ser tratados en algún momento de una manera u otra. No les pido que olviden esos pensamientos, sino que los dejen a un lado por el momento. No son apropiados para su práctica de atención plena.

Lo que la gente no aprecia al principio de aprender mindfulness es que puede ayudarte a entrar en un estado donde tu mente está más tranquila y lógica y lidiará con esos problemas de una manera mucho más tranquila debido a lo que has aprendido. No es evitar en absoluto. Es simplemente fortalecer sus respuestas a cualquier cosa que sucede en la vida para que usted tiene la capacidad de lidiar con él sin usar la ira o recurrir a la ira.

Otra situación que puede causar ira es la frustración. Quieres hacer algo, pero todas las cosas que están sucediendo te están deteniendo. No puedes tener el control de las acciones de los demás. Permítanme darles un ejemplo. Querías más que nada en el mundo para comprar algo especial para un regalo y querías que llegara a tiempo. Después de haber encontrado ese regalo, la compañía que proporciona el regalo se hunde, y usted no tiene ninguna manera de conseguir de nadie. Puede hacerte muy frustrado e incluso enojado, pero esta ansiedad es lo que conduce a la ira, y eso es exactamente lo que la atención plena te ayudará a frenar. En lugar de correr en "bull at a gate", usted será capaz de abordar con calma los problemas que ocurren en su vida y encontrar soluciones sin recurrir a la ira.

La atención plena también puede ayudarte como y cuando encuentres la ira levantando su fea cabeza porque hay ciertos ejercicios de respiración que puedes usar que te ayudarán a superar las respuestas de lucha o vuelo de tu cuerpo. Esa respuesta será luchar cuando se encuentre con cosas que normalmente te enojan, es decir, tus desencadenantes, pero reconociendo esos desencadenantes y respondiendo de manera diferente con el tiempo, puedes cambiar la respuesta mantenida en el hipocampo a una respuesta más favorable y aceptable; de esa manera, no siempre equiparas la ira o el peligro con situaciones como las que ahora te enojan.

La introducción de la atención plena en tu vida no significa que estés restringido a usarla en momentos específicos. Mindfulness te lleva a través de tu vida y es tu ayuda y rescate cuando sientes que algo te ha hecho enojar. Así, con los ejercicios del próximo capítulo, podrás superar la ira y aprovecharla en algo mucho más constructivo. También podrás usar la atención plena tú mismo fuera de elección cuando descubras que tienes unos momentos para centrar tu mente al hacer eso. La atención plena nos lleva a través de nuestras vidas. Por ejemplo, ayer respondí a la ira de otra persona recordándome a mí mismo que el mundo es un lugar hermoso. Los árboles, el cielo y el mar estaban cerca, y el argumento que alguien estaba tratando de recoger conmigo no era lo suficientemente importante como para quitarme mi atención de las cosas buenas que me rodeaban. Cuando descubrieron que no podían terminar conmigo, pronto detuvieron su enfoque enojado y comenzaron a hablar de los problemas con los que podía ayudarlos en su lugar.

Capítulo Seis

Ejercicios Cuando Surge la Ira

"La mente es un espejo flexible. Ajústelo para ver un mundo mejor". Amit Ray

Mindfulness significa volver al momento. Lo que te hizo enojar es ahora en el pasado, y los momentos de tu vida pasan tan rápido que puedes experimentar alt-bajos, ansiedad y relajación, ira y calma, pero cuando usas la atención plena, controlas los sentimientos. Por un momento, quiero que pruebes los siguientes ejercicios. Pruébalos en un momento en el que no estés estresado por hacer otra cosa, pero puedes darle a los ejercicios mucha práctica, porque estos se convertirán en tus ejercicios de ir para ayudarte a superar la ansiedad y la ira.

Ejercicio 1 – Respiración

Si tu primera respuesta a la ira es respiración profunda, es menos probable que pierdas la calma. Sin embargo, esto debe ser respiración controlada. La razón de esto es que el propósito de este tipo de respiración es reducir la presión arterial y ralentizar el corazón para que ya no estés estresado por la situación en la que te has encontrado. Por lo tanto, aunque sólo estás practicando esta respiración en este momento, debe ser tu ejercicio de ir a cada vez que encuentres que estás en una situación que puede crear ira en tu mente. Los seres humanos no utilizan la mayoría de su capacidad pulmonar cuando respiran, y la respiración profunda ayuda a poner en acción el sistema nervioso simpático haciendo todos los trabajos que necesita hacer dentro del cuerpo.

Por lo tanto, para este ejercicio, por favor, siéntese con la espalda recta en una silla bastante cómoda. Sus manos se pueden colocar en su regazo, y su cabeza debe estar ligeramente inclinada. Ahora inhala, y mientras respiras, cuenta hasta 8 y siente el aire en la parte superior del abdomen. Mantenga la respiración por un momento y exhale a la cuenta de diez. La exhalación siempre es más larga que la inhalación, e incluso puede encontrar que usted tiene que trabajar hacia estos recuentos. La respiración debe inhalarse a través de las fosas nasales y exhalar por la boca o la nariz.

Mientras respiras, trata de concentrar toda tu energía mental en la respiración, y si tus pensamientos vagan por otro lado, vuelve al conteo. Se sugiere que hagas este ejercicio cuando te levantes por la mañana antes de desayunar, pero necesitas saber que también puedes usarlo en cualquier momento del día cuando sientas que tu nivel de ansiedad está aumentando. La respiración ayuda a controlar el flujo de oxígeno dentro de su cuerpo, y esto le ayudará a mantener la calma.

Ejercicio 2 – Caminata de Mindfulness

Si estás en una situación de trabajo, lo más probable es que te llene de energía y cuando pierdas los estribos que se deshace de la energía mental, pero hay una manera mucho más constructiva de hacer esto. En este caso, salga o busque un pasillo donde pueda subir y bajar. Probablemente has visto a personas caminando arriba y abajo o en círculos cuando están pensando, y en este caso, no es sólo un caso de caminar. Es un caso de que tu respiración se vea al ritmo con tus movimientos.

Respira mientras levantas el pie del suelo y observas el movimiento de la pierna y el pie, luego exhala mientras mueves el pie hacia adelante y lo colocas en el suelo. Uno de los beneficios de este tipo de ejercicio es que estás expulsando energía, y al concentrarte en tu respiración y movimiento, estás soltando la ansiedad y la ira. Es una gran práctica para hacer cuando estás ansioso antes de una reunión o incluso ir a una entrevista que realmente te importa porque calma tu mente y te permite abordar esa situación con más calma..

Si te gusta esta forma de atención plena, puedes ser un buen candidato para el yoga ya que esto está respirando junto con el movimiento del cuerpo y te ayuda a ser más flexible y móvil. También le ayuda a desarrollar la capacidad de controlar los procesos de pensamiento para deshacerse de la negatividad.

Ejercicio 3 – Alimentación consciente

Cuando estás en movimiento, lo más probable es que comas sobre la marcha, y eso es realmente malo para tu sistema digestivo. Tener problemas digestivos también puede afectar tu estado de ánimo. Si nunca has vinculado los dos elementos, es hora de que lo hagas. Si comes tu comida sin pensar y ni siquiera masticas tus alimentos correctamente antes de tragarlo, lo más probable es que te des indigestión, e incluso puedes contribuir al reflujo ácido, así como al malestar corporal más adelante en el día. Esto no va a ayudar a tu estado de ánimo. Como parte de su curso de manejo de la ira, me gustaría que probara la alimentación consciente. Si tienes un almuerzo frío que has traído al trabajo, entonces trata de hacer una regla que dejarás el ambiente de la oficina para comer tu almuerzo, incluso si esto significa sentarte en el parque y comerlo. Su entorno es muy importante. El otro aspecto importante es que masticas tu comida adecuadamente y eres consciente de los sabores y texturas para que cuando tragues, ese alimento esté listo para ser digerido.

Mientras comes, ten en cuenta cada movimiento que hagas. Si está comiendo de un plato, baje el cuchillo y el tenedor mientras mastica la comida y recójala cuando esté listo para tomar su próximo bocado de comida. Tendemos a apilar alimentos en nuestros sistemas, y esto puede resultar en más problemas que pueden ayudar a empeorar su estado de ánimo mental. Comer conscientemente significa ser consciente de gustos y texturas, aromas y todos los aspectos del acto de comer y cuando te acostumbres a comer de esta manera, vendrá de forma natural e incluso en almuerzos de negocios, podrás poner tu cuchillo y tenedor en el plato entre bocados y disfrutar a fondo de todos los sabores y sabores de tu comida.

Ejercicio 4 - Toque de Mindfulness y Pruebas de Sabor

Tal vez te preguntes cuál es el punto de este ejercicio, pero la razón por la que quiero que lo pruebes es que te ayuda a desarrollar tu sentido del gusto y el tacto. ¿En qué se relevancia para la ira? El hecho es que todos hemos olvidado usar estos sentidos y estamos tan ocupados centrándonos en lo que vemos en Internet, en nuestros teléfonos, la televisión, etc. que no tomamos suficiente atención a las cosas que nos rodean. Para la primera prueba, que es el tacto, es posible que debas hacer esto con los miembros de tu familia para ver quién es consciente de lo que son las cosas sin siquiera mirarlas. Puedes usar bolsos o incluso un par de botas en las que ocultar objetos que tienes que tocar y adivinar cuáles son. Se pueden usar artículos como los granos de arroz, o pasta, o cualquier cosa seca, y es un ejercicio divertido con el que sus hijos pueden unirse. En cuanto a la prueba de sabor, esto es ligeramente diferente en que se le da un sabor de algo con los ojos vendados, y depende de usted adivinar exactamente lo que es del sabor y la textura. Como dije, estas son simplemente pruebas divertidas, pero entre toda la seriedad de la atención plena, la diversión también está bien y puede romper el hielo con personas con las que has estado enojado anteriormente.

Ejercicio 5 – Ejercicio de Manejo de la Ira Mindfulness

Como usted está buscando consejo sobre el manejo de la ira, se supone que usted ha admitido a sí mismo que usted tiene un problema de ira. Este es un ejercicio que puedes hacer cuando sientes que la ira está a punto de suceder. Lo sabrás porque experimentarás ese aumento en la presión arterial, y los patrones de pensamiento que pasan por tu cabeza pueden no ser tan lógicos como te gustaría que fueran. Tienes que salir del estado de "lucha o huida", que ha sido provocado por las circunstancias que te rodean. La única manera de hacer esto es alejarse de la conversación y encontrar un lugar tranquilo para sentarse. Si no puedes hacer esto por alguna razón, entonces haz el ejercicio donde estás, pero distanciarte de él ayudará a hacerlo más eficaz.

Siéntese y cierre los ojos para que no se vea perturbado por lo que está pasando a su alrededor. Detenga sus procesos de pensamiento y respire. Cuenta la inhalación, cuenta la exhalación como te he mostrado antes, y mientras haces esto, tu mente se calmará. Si no sucede de inmediato y encuentras pensamientos que inundan tu cabeza sobre lo que te enfureció, des cárgalos y vuelve a contar y respirar hasta que te sientas tranquilo, que tienen lugar dentro de ti. Esta es una gran manera de responder a la ira porque lo que estás haciendo es decir que la ira no está justificada, y no la quieres en tu vida. La ira puede poner el mundo entero patas arriba. No necesariamente ves las cosas desde una gran perspectiva cuando tus pensamientos se ahogan por pensamientos enojados. Por lo tanto, calmar tu mente le permite abordar suavemente lo que sea que le moleste con un estado de ánimo tranquilo. Esta calma te permite ver el problema mucho más claro porque estás soltando esos pensamientos con el fin de despejar tu mente y luego estás abordando los problemas con un punto de vista más claro.

Ejercicio 5 – Trabajo y tareas indeseables

Elige un trabajo que no te guste hacer, pero uno que sepas que deberías hacer. Durante el transcurso de su hacerlo, apague todas las interrupciones. Sin llamadas telefónicas, sin contestar correos electrónicos, sin mirar alertas. Apaguen todo. Acérquese al trabajo con un enfoque consciente. En otras palabras, estar en el momento y hacer el trabajo. No dejes que nada te impida lograrlo. Participa en ello, y no dejes que tu mente vague mientras lo haces. Incluso algo tan aparentemente simple como limpiar el piso de la cocina puede ser agradable cuando usted es consciente del proceso. Por ejemplo, observe cómo cambian los colores cuando se coloca la humedad en los azulejos. Mira cómo brillan. Disfruta del proceso y sé absorbido por él, y no solo lo harás más rápido, sino que en realidad podrás disfrutar haciéndolo.

Ejercicio 6 – Ejercicio de empatía

Para hacer este ejercicio, piensa en la última vez que perdiste los estribos. Ahora, piensa desde la perspectiva de la persona con la que estabas enojado. ¿Cómo recuerdan la situación? ¿Cómo se sintieron? ¿Qué les hicieron tus palabras? Tienes que entender que todo el mundo ataca la vida desde una perspectiva, y puede que no sea la misma que la tuya, pero no hace que su perspectiva sea equivocada. Lo hace diferente. Cuando eres capaz de ponerte en los zapatos de otra persona de vez en cuando, te ayuda a aprender empatía y a ser una persona mucho más tranquila y empática. Permítanme darles una demostración utilizando el ejemplo de mi propia ira, que no se expresa tal vez de la misma manera que la suya. He aprendido a controlar mi ira a lo largo de los años, pero de vez en cuando la vida lanza una bola curva, y necesito responder a pensamientos enojados. Cuando mi reciente entrega llegó a la puerta, la caja estaba rota, y quería abrirlo para comprobar el contenido antes de aceptarlo. El hombre de la puerta me dio la impresión de que no quería esperar y me hizo sentir un poco enojado porque es su trabajo esperar y ver si el paquete es aceptable. Sin embargo, cuando era un poco más amigable en mis tonos, resultó que la única razón por la que no quería esperar era una necesidad urgente de usar el inodoro. Después de haberlo dejado entrar en mi casa con ese propósito, una vez que lo había hecho, incluso estaba feliz de ayudarme a desenvolver cada pieza de la entrega para asegurarse de que estaba contento con ella. En el pasado, pude haber perdido los estribos, pero acercándome a él desde su ángulo y viendo que puede haber una razón para su prisa, en realidad empatizado, y él estaba dispuesto a admitir sus necesidades. A menudo las cosas no son lo que supones que son, y vale la pena intervenir y verlo desde otro punto de vista.

Prueba estos ejercicios para acostumbrarte a usar la atención plena y la empatía porque cuando lo haces, todo cambia, y tienes menos por lo que enojarte. Puede valer la pena volver a este capítulo después de haber terminado de leer el libro y al azar hacer los ejercicios descritos aquí como parte de su vida cotidiana. Elige tu momento – elige tu ejercicio pero recuerda que cuando estás haciendo ejercicios conscientes de cualquier tipo, necesitas ser absorbido en el ejercicio y darle toda tu concentración. Suelte los pensamientos que no son relevantes para el trabajo.

Cómo esto te ayuda es que cuando finalmente aprendas meditación consciente, ya sabrás cómo dejar ir los pensamientos, y eso es la mitad de la batalla. También es la mitad de la batalla cuando se trata de tener el control de tu ira. Todo es parte integral de la misma cosa. Algunos de estos ejercicios han sido divertidos y otros más serios, pero usarlos todos para hacer uso de tus sentidos es una idea muy sensata y te hará más consciente de esos sentidos, a medida que pasas por el proceso de introducción de la atención plena en tu vida.

Como ejercicio final, escucha música y absorbela. Le permite relajarse si elige el tipo correcto de música para aligerar su estado de ánimo. Esto puede ayudarte cuando sientes el peso del mundo sobre tus hombros, e incluso puedes encontrar que le da a tu mente un descanso suficiente de tu ira para que encuentre soluciones sin siquiera realmente intentarlo.

Capítulo Siete

Regreso a lo Básico Basics

"El aliento es el mejor regalo de la naturaleza.
Estar agradecido por este maravilloso regalo"

He trabajado con muchas personas, de todos los ámbitos de la vida, usando la atención plena, y la belleza de este tratamiento para la ira es que todo el mundo responde positivamente a lo que sucede dentro de sus cuerpos cuando utilizan la atención plena para ayudarles a abordar el manejo de la ira. Para este capítulo, quiero llevaros de vuelta a lo básico para que entiendan el lado espiritual de la atención plena. Si tienes tiempo para ir a algún lugar que reconozcas como un lugar de belleza al atardecer o al amanecer, haz esos planes. Trate de hacer el viaje por su cuenta; necesitas el silencio de tu mente para apreciar lo que estoy a punto de demostrarte.

Cuando vas a un lugar de belleza y naturaleza, descubres que es abrumadoramente hermoso. Si estás solo y el paisaje que te rodea es inspirador, puede hacerte sentir muy pequeño. ¿Por qué querrías hacerlo? Bueno, ahí es cuando comienza la espiritualidad. Aprecias todo lo que te rodea y usas tus sentidos para disfrutar del momento. Por ejemplo, respira el aire fresco y trata de describir a qué sabe. Trate de cerrar los ojos y sentir el ambiente de ese momento. Trate de sentir el aire frío o caliente en su piel. Trate de escuchar cualquier cosa que pueda escuchar. Por ejemplo, en la orilla del mar, el sonido de los pájaros o incluso las olas que se adentan en la orilla son una gran distracción para una mente con problemas. Ahora, abre los ojos y mira. Mira todo, y mientras estás mirando, trata de no pensar en nada en particular. Observa y usa tu vista para permitirte el privilegio de tener este momento en este lugar. Es una sensación maravillosa, y aunque la gente encuentra esta sensación en diferentes escenarios, la naturaleza tiene una manera de reunirlo todo y hacerte sentir abrumado por la belleza de la Tierra.

Incluso si usted no puede ir muy lejos en absoluto, usted puede incluso encontrar entrar en su patio trasero para mirar un arco iris puede hacer lo mismo. Usas todos tus sentidos para disfrutar del momento, y despierta algo dentro de ti llamado humildad. La humildad es volver a lo básico. Es esa sensación de que un niño puede sentir la primera vez que el niño abre sus ojos para mirar algo como la luz. No hay expectativas. No hay decepciones. Sólo está la belleza del mundo, y esta maravilla puede llenar su día de positividad. Por ejemplo, un estudiante me explicó acerca de las telarañas en los arbustos del jardín a la luz de la mañana, y cómo se parecían a pequeños diamantes. Lo que ves cuando realmente miras el mundo a tu alrededor puede ser sorprendentemente hermoso.

¿Qué tiene que ver esto con A un temperamento?

Bueno, si te permites usar tus sentidos en una situación como esta, empiezas a ver el panorama general. Esa humildad que sientes es un recordatorio de que sin juicio, eres capaz de mirar y ver lo pequeños que son los seres humanos en el panorama general, pero que sin todas esas piezas más pequeñas del rompecabezas, el rompecabezas nunca estaría completo.

En este momento, no sientes ira, ni arrepentimiento, ni remordimientos, ni nada negativo. En cambio, encontrarás tu corazón lleno de esperanza, amor e incluso optimismo, y eso ayuda a protegerte de rasgos negativos como la ira. Disfruta de este momento y recuérdalo porque cuando puedes verlo en el ojo de tu mente, puedes usar la escena que estás viendo para traer de vuelta vibraciones positivas a tu vida; simplemente cierra los ojos y recuerda lo que viste, en lugar de dejar que tu mente se erosione por la ira y los pensamientos enojados. Hemos detectado un problema desconocido. Recuerda los olores, las vistas, los colores, los sentimientos, las emociones y el tacto contra tu piel.

Lo que quiero que hagas ahora es ir acasa, y cada vez que cierres los ojos, recuerda cada parte de ese recuerdo en detalle. La belleza de la mente es que puede recordar cosas que son específicamente importantes para usted. Estos son pensamientos que se repiten. El hipocampo recordará las cosas; todo lo que estás haciendo es reforzar esta positividad cada vez que sientas la necesidad de, simplemente sentándote, cerrando los ojos y estando en ese momento que experimentaste. Véalo en todos sus colores y tonos, recuerda los olores, los sonidos, el tacto, la sensación y todo lo que tiene que ver que es bueno. La gente comete el error de pensar que los templos budistas son lugares de culto. No lo son.

Son lugares de inspiración y animan a quienes van a ellos a usar esta inspiración para ayudarlos a estar en el momento. En este momento, nadie puede hacerte daño. En este momento, puedes disfrutar de todo sobre ese lugar que te trajo de vuelta a un estado de humildad. No hay nada más espiritual que experimentar esta profundidad interior y belleza, y cada uno tiene el potencial de usarlo para mejorarse a sí mismos. Esta es tu oportunidad. Tómalo para ayudarte a superar los obstáculos del futuro y recuérdalo tan a menudo como sea posible, para que tu mente conozca el lugar que buscas cuando lo necesitas como refugio del mundo.

El lado espiritual de la atención plena pertenece a todos, independientemente de su afiliación religiosa. Ni siquiera tienes que ser un creyente para creer en lo que ves con tus propios ojos que supera la escena normal que puedes ver todos los días. Cuando encuentras el lugar que te hace esto, has encontrado un lugar mágico que puede ayudarte a superar muchos de los problemas que vas a encontrar durante tu vida. Hay un lugar especial que utilizo para este propósito cuando me siento en desacuerdo con el mundo, y está en la cima de una colina, con una vista de 360 grados del campo con colinas y árboles, campos y granjas, y vida silvestre en todas partes. Me encanta usar este lugar al atardecer o al amanecer para recordarme la belleza del mundo en el que vivo y el pequeño tamaño de los problemas que estoy encontrando.

Cuando haces eso, pone las cosas en perspectiva, y aunque ese lugar fue un refugio para mí cuando era niño, todavía tiene la misma fascinación, y cuando encuentres tu lugar especial, será el mismo.

A veces necesitamos ver el panorama más amplio para darnos cuenta de la pequeñez de nuestros propios dilemas, y ayuda a poner muchas cosas en perspectiva. Cuando Alan se enteró de que su hijo era gay, su ira era su único refugio en ese momento, lo que alienó a su hijo de él y creó problemas con su esposa. Sin embargo, su verdadero refugio fue encontrado en las estrellas por la noche, y cuando se fue a su punto de vista de preferencia, se dio cuenta de lo pequeño que había sido y al volver a casa, fue capaz de llamar a su hijo y poner las cosas en serio. Los pequeños problemas a los que nos enfrentamos todos los días de nuestras vidas no son más que hipo a lo largo del camino de la vida. Son pequeñas motas en el horizonte, y el yo espiritual los reconocerá como tales y te ayudará a superarlas. La ira no resuelve nada. La comprensión y la empatía sí. Al hablar con su hijo, pudo ver que la vida de su hijo hacía feliz al niño, y eso era más importante que las restricciones y sesgos personales. A menudo lo es, y la ira no hace nada para superar estos obstáculos y tiende a hacer mayores divisiones entre las personas en lugar de crear puentes por los cuales esos individuos pueden entenderse.

Capítulo Ocho

Uso de Un Escaneo Corporal

Es posible que nunca hayas oído hablar de una exploración corporal, pero esta es una herramienta muy útil para aquellos que están aprendiendo mindfulness. Ayuda a relajar el cuerpo y sería un buen ejercicio para probar a la hora de acostarse o al final de la tarde cuando estás solo, y quieres relajarte por un corto tiempo. El dormitorio es donde se lleva a cabo este ejercicio, y es necesario vestir cómodamente para que nada esté apretado, como su cintura o su corbata. De hecho, es mejor en pijama que con ropa restrictiva. El problema con la ropa que tendemos a usar es que a veces es una distracción, y eso es lo que estamos tratando de deshacernos de este ejercicio.

Usted puede estar acostumbrado a usar dos almohadas, pero para este ejercicio, quiero que utilice uno para que su respiración sea óptima, y su tráquea está en una mejor posición para respirar sin obstrucciones. Acuéstese boca arriba sobre la cama y coloque las manos a los lados. Comienza a respirar hasta un recuento de ocho y a un recuento de diez hasta que sientas que estás respirando a un ritmo. Sigue inhalando a través de las fosas nasales y exhalando. Cuando logre ese ritmo, cierre los ojos y asegúrese de que no haya distracciones en la habitación que puedan quitarle la atención de la exploración corporal.

Ahora concéntrate en los dedos de los dedos de los dedos. Piensa primero en tus dedos gordos y siéntalos. Tenséalos y luego relájalos y siente lo pesados que se sienten mientras se relajan en la cama. Lo siguiente que piensas son tus otros dedos de los dedos. Continúe respirando de la misma manera y piense en los otros dedos de los dedos de los dedos y tenselos. Luego relájalos y siéntalas relajarse antes de subir el cuerpo a través de las diferentes áreas del cuerpo como los tobillos, la pantorrilla, la rodilla, el muslo, las caderas, la cintura, el pecho, los dedos, las manos, el antebrazo y la parte superior del brazo y hacer lo mismo: tensar esa parte del cuerpo y luego relajarla. Mientras haces esto, mantén la respiración regular para que los latidos del corazón se ralencelen y la presión arterial baje. Este es uno de los ejercicios más relajantes que puedes hacer, pero necesitas mantener tu mente ocupada con la respiración y las partes del cuerpo, y si tu mente vaga, lo tiras de vuelta a este momento y vuelves a los dedos de los dedos de los dedos de los dedos de los dedos de los dedos de los dedos de los dedos.

Al final de la sesión, te sentirás muy relajado, y la razón por la que te estoy enseñando a hacer esto es porque te ayuda con los ejercicios de atención plena más adelante en el libro y también te da liberación instantánea de la ansiedad para que el ejercicio pueda ser utilizado para ayudarte a resolver los problemas de ira que están en curso. Usted encontrará que la respiración, junto con la sensibilidad a las partes del cuerpo, le relajará, y eso es muy útil de hecho. Pone distancia entre usted y el objeto de su ira para que pueda mirar sus problemas desde una postura más neutral, una vez que esté relajado y pensando con claridad.

Los escaneos corporales se pueden hacer en un ambiente de semi-oscuridad si esto le ayuda, y al dibujar las cortinas en su dormitorio, usted está quitando más distracciones de lo necesario, y el ambiente puede ser muy relajante de hecho. Sin embargo, ten en cuenta que experimentarás una caída en la presión arterial y la frecuencia cardíaca, por lo que cuando hayas terminado, no es una buena idea levantarte demasiado rápido. Por lo tanto, usted debe dejar a un lado alrededor de media hora para este ejercicio y luego tomar su tiempo para vestirse y volver a su vida cotidiana normal. Si encuentras que la música te relaja, también puedes usar esto como fondo, pero la música no debe ser ruidosa. Es simplemente para callar la mente para que pueda concentrarse en la exploración del cuerpo de una manera más eficaz. Cuando estás enojado, esto ayuda porque causa el tipo correcto de distracción y te ayuda a mantener tu respiración en el ritmo.

A medida que te metes más en la experiencia de la atención plena, incluso puedes encontrar que creas un área para ti mismo donde puedes meditar; un lugar donde tienes cosas inspiradoras a tu alrededor para ayudarte a relajarte. Esta puede ser una buena área para acostarse en una estera de yoga y hacer la exploración corporal en lugar de usar su cama. Sin embargo, asegúrate de que tu ropa esté cómoda y de que tu cabeza esté apoyada por una buena almohada. Tu postura realmente importa porque si lo sabes o no, todo el mundo tiene puntos de energía a lo largo de sus cuerpos, y la energía no puede alcanzarlos si estás encorvado o en una posición incómoda. Incluso si usted tiende a acostarse de lado a dormir, no use esta posición para la exploración.

Si tienes problemas para dormir, también puedes usar esto para sacar la ira de tu mente al final del día para que puedas dormir de mejor calidad. En el siguiente capítulo, vamos a tocar por qué funciona la meditación consciente y lo que está haciendo a su enfoque de la vida. Es muy importante que entiendas el proceso para que puedas aprovechar al máximo la experiencia sin quedártese con todo tipo de preguntas sobre el uso de la meditación mindfulness y sus beneficios. También puedes usar una exploración corporal sentada si descubres que tus niveles de ira están aumentando. Simplemente saca la ira de tu mente y comienza por pensar en tus pies y trabajar a través de las diferentes partes de tu cuerpo para relajarlos. Por supuesto, no te enviará a dormir si estás sentado, pero lo que hará es tomar tu mente de lo que fue hacerte enojar en primer lugar.

Capítulo Nueve

Los Beneficios de la Meditación Consciente

Algunas personas que sufren de ira no pueden frenar a sí mismas y preocuparse por si la meditación funcionará para ellos. El hecho es que funciona para cualquiera que hace de esto una parte regular de su día. La razón por la que se espera que medite todos los días es para que puedas reateun hábito que te sea útil cuando lidias con tu problema de ira. ¿Cómo hace eso? Cuando estás enojado, es porque estás reaccionando a algo que te ha hecho enojar. ¿Todos reaccionan de manera negativa? Claro que no, pero eso es porque la ira comienza en mente, y la mente de todos es diferente. Algunas personas nunca se enojan. Son capaces de ver un problema desde varias perspectivas y llegar a respuestas. Otros reciben mensajes confusos, y debido a su frustración, tienden a reaccionar de una manera enojada. Es debido a algo a lo que los budistas se refieren como la "mente mono" o la mente que se le permite seguir haciendo lo que hace sin una medida real de control. De la misma manera, algunas personas reaccionan al dolor de diferentes maneras o a diferentes eventos en la vida, ya que este tipo de reacción no se limita sólo a las personas que tienen problemas de ira.

Los beneficios de la atención plena incluyen los siguientes:

- Ayuda a reducir la presión arterial

- Retrasa el corazón

- Te ayuda a vaciar la "mente de mono".

- Te ayuda a poner los pensamientos en orden

- Despeja la mente

- Reduce el estrés

- Te permite ver el mundo de una manera diferente

- Te ayuda a ser más compasivo

Y eso es sólo el comienzo. La meditación consciente te ayuda a sacar el juicio de la pregunta. Si no juzgas a los demás, tiendes a ser más tolerante y comprensión del hecho de que cada uno aborda las cosas de una manera diferente. Su hijo no hizo algo malo para molestarlo. Lo hizo porque es un niño que experimenta con la vida y aprende sobre sus propias limitaciones. Deja de ver las cosas que suceden en tu vida como actos intencionales para enojarte. Nadie puede hacerte enojar. Es tu propia mente la que crea ira, y si la atención plena te ayuda a ver la vida de esta manera, en lugar de de manera juiciosa, tus problemas de ira disminuirán. La ira tiende a basarse en el sesgo de algún tipo, y la atención plena ayuda a romper las barreras y te hace menos cerrado de mente. Eres más empático y puedes ver los problemas en la vida desde un punto de vista más claro. Eso significa que usted no está tan a menudo abrumado por la vida y puede conseguir a través de más trabajo en menos tiempo.

Otros beneficios de la atención plena son que usted no es probable que sucumba a problemas mentales que pueden causar ansiedad. La ansiedad es un poco como un trampolín para la ira. La ansiedad desencadena todas las hormonas en su cuerpo para ser liberadas, y cuando lo son, irritan el sistema lo suficiente para que usted tiene que liberar esa ira. Es normal, y es una respuesta natural a esta abrumadora sensación de desesperanza. Sin embargo, la meditación de la atención plena, una vez al día durante 20 minutos, puede quitar esa respuesta y entrenar tu mente para ser más influenciada positivamente por el mundo que te rodea.

Pregunté a muchos estudiantes que comienzan la atención plena, si marcaba una diferencia en sus vidas, y los resultados siempre fueron los mismos. Hizo una diferencia, e incluso si una sesión se perdió de vez en cuando, los beneficios superaron con creces las molestias. La gente se sentía más inteligente. Se sentían empoderados, y se sentían positivos, que son sentimientos que la ira nos roba. Echemos un vistazo a un escenario típico.

No había ninguna intención de su parte para hacerle daño, pero usted se sorprendió por su acción, y envió a todo su sistema en esta sobrecarga natural, cuestionando sus motivos y enojándose por lo que hicieron. Lo que esto muestra es que en realidad no te tomas el tiempo para hablar con tu pareja. De lo contrario, es posible que se haya sorprendido menos por sus acciones y más compasivo con sus necesidades. Cuando practicas la atención plena, pasas más tiempo presente en tu vida, en lugar de dejar que tu mente vague por cosas pasadas o para preocuparte por cosas que aún no han sucedido, por lo que es mucho más probable que entiendas el punto de vista de tu pareja. Escuchas más y tienes más espacio en tu mente para encontrar soluciones a tus problemas y a los problemas de tu pareja.

Entonces, ¿por qué las personas se molestan?

Las personas que están enojadas pueden sentirse así debido a las circunstancias o porque sienten que no tienen control sobre una situación. Por ejemplo, un hombre que no puede ganar lo suficiente para mantener a su familia puede ver esta falta de "hombría" como una amenaza para quien es. De hecho, un hombre puede ser igualmente útil en el hogar y vivir una existencia perfectamente feliz como esposo de la casa si considera que su papel es lo suficientemente importante para la felicidad de la familia. En un hombre que lo ve de esta manera, no habría ira, porque su trabajo sigue siendo algo que él ve tan valioso. El hombre enojado, sin embargo, ve que su falta de contribución lo hace menos de un hombre. Luego se enoja con su pareja y extravía su ira porque no sabe cómo hacer frente a su situación de ninguna otra manera.

En todos los escenarios que he descrito, la atención plena te ayuda a superar la ansiedad que conduce a la ira, y por lo tanto la ira no sucede. Aprendes compasión, aprendes a perdonar, aprendes a seguir adelante, y también aprendes a perdonarte a ti mismo por tus deficiencias y aprendes a apreciar quién eres y el papel que juegas en la vida. Mindfulness te enseña que puedes ser flexible y que no tienes que ajustarte a las normas de otras personas. Te enseña que cada momento de nuestra vida es diferente, y por lo tanto, lo que nos enojamos en este momento puede no necesariamente enojarnos en el futuro, y por lo tanto no vale la pena gastar la energía necesaria para enojarse. Es mucho mejor abordar el problema de una manera más constructiva.

El mayor beneficio de la atención plena es que ayudará a lo siguiente:

- Sus habilidades de comunicación con los demás

- Su aceptación de situaciones fuera de su control

- Tu capacidad para pensar las cosas a través de

- Su capacidad de aprendizaje

Te abres a una nueva experiencia, y cuando haces eso, a menudo encuentras que la persona que pensabas que había sido ahogada por la ira o la ansiedad todavía está ahí, intacta, pero necesitas vaciar el desorden para encontrarlo. Decluir la mente es algo que está bastante de moda en este momento por una muy buena razón. Nosotros, como seres humanos, llenamos las mentes con estímulos de todas las direcciones, y no es de extrañar que la gente se confunda y se enoje o incluso esté socialmente ansiosa.

La mente no puede hacer frente a la vida, y la ira es simplemente dejar salir esa energía extra que muestra tu frustración. ¿Y si te dijera que la atención plena podría ayudarte a hacer lo mismo? Puede, y nunca necesitas enojarte de nuevo. Tu mente encontrará una nueva manera de lidiar con las cosas malas que suceden en la vida, y te volverás más filosófico que reaccionar en tus respuestas, encontrando respuestas con calma en lugar de tener que gastar energía negativa en la ira.

Capítulo Diez

Contar y Respirar

Ya has aprendido a respirar de cierta manera a través de los capítulos de este libro, pero este capítulo en particular es un ejercicio de uso de la atención plena y la respiración para superar una fase muy enojada. Como ya sabes, lo que sucede en el cuerpo cuando pierdes los estribos es:

- Su presión arterial aumenta

- Su latido del corazón sube

- Sus niveles de testosterona aumentan

- La liberación de cortisol en el cuerpo se ralentiza

La actividad cerebral también cambia, y esto se puede detener en sus huellas por la atención plena. Lo que está sucediendo en su cuerpo es que sus niveles de estrés están menos en control porque necesita cortisol para ayudar a controlar esto. Esto de tu confusión y enojo como una reacción química, y no estarías muy lejos de la verdad. El hecho es que el estrés de cualquier tipo puede desencadenar todo tipo de actividad en el cuerpo que usted es totalmente inconsciente de. El hipocampo también está tomando nota de lo que te está pasando y lo que lo provocó; eso es desafortunado porque, si te ve reaccionando con ira a un conjunto de circunstancias, cuando esas circunstancias vuelvan a suceder el hipocampo dirá a todas las diferentes partes de tu cerebro que la ira es tu respuesta normal. Eso es lo que necesitamos cambiar.

Puede que no pienses que puedes cambiar estos recuerdos almacenados en el hipocampo, pero puedes. Cuando se crean nuevos hábitos se almacenan en el hipocampo. Los nuevos hábitos reemplazan los viejos hábitos, asegurando que siempre hay una manera de cambiar las cosas cambiando lo que se almacena en el hipocampo. No se trata de cambiar quién eres y cómo reaccionas en este momento, sino de cambiar tus reacciones, por lo que el cerebro registra algo completamente más adecuado que la ira. Por lo tanto, ya sabes lo que te enoja, pero tienes que educarte sobre cómo redirigir eso para que sea un tipo de respuesta más aceptable que la ira. Mindfulness te ayuda a hacer esto.

Lo sepas o no, la forma en que respiras afecta el funcionamiento de tu cuerpo. Si respiras demasiado oxígeno, es probable que sobreoxif sino que te sotoblas y esto puede hacer que te vuelvas aún más caliente debajo del cuello, causándolo de ansiedad y tal vez incluso depresión. Sinembargo, cuando regulas la cantidad de oxígeno que entra en tu cuerpo, lo ayudas a mantener la calma. Los ejercicios de respiración que se muestran aquí son para ayudar a su cuerpo a hacer esto y deben ser empleados si usted se encuentra construyendo hasta la ira. Desde el momento en que sientes que tu mente cambia de ritmo porque algo te ha enocido, quiero que empieces a respirar a través de las fosas nasales y seas consciente de la respiración mientras cuentas hasta ocho y luego exhalas hasta la cuenta de diez. Si estás en una posición en la que no puedes alejarte de la fuente de tu ira, trae tu mente a este momento y suelta los pensamientos de la ira. Puedes lidiar con esto más tarde cuando estés tranquilo. Por el momento, respira y sale de esta manera, y no muestres tu ira. Estás tratando de cambiar la reacción de la ira a la calma porque eso es lo que quieres que el hipocampo grabe como tu respuesta al estrés. Piensa en el color del cielo; mira todo lo que es tocado por tus sentidos y sentirlo con todos los sentidos que tienes.

Ejercicio de respiración enfocado

Este es otro ejercicio de respiración que puedes usar cuando sientas que necesitas claridad de pensamiento y no quieres que la ira sea el resultado de lo que está sucediendo a tu alrededor. La respiración enfocada te ayuda a vaciar tu mente de las cosas que realmente no quieres allí y también te ayuda a poder pensar claramente después de que haya ocurrido un evento que te enoje. En este caso, no importa si usted tiene la capacidad de dibujar. Incluso un niño puede usar esto para evitar que ocurran berrinches, para que no tengas la excusa de que no tienes talento para dibujar.

Quiero que te sientes en un lugar donde estés cómodo y asegúrate de que tu espalda esté recta. Es fácil de hacer en el trabajo porque muchos de los asientos de la oficina son difíciles y tienden a ser hechos para que te devuelvan el soporte correcto. Lo único es que necesitas estar lejos del ruido y la confusión para hacer este ejercicio. Incluso he conocido a gente que usa el cuarto de la señora o el guardarropa de hombres para hacerlo. Cuando estés sentado, pon las manos en el regazo y cierra los ojos. Tus pies deben estar planos en el suelo. Ahora, quiero que dibujes una imagen de una casa en tu mente. Puede ser tan complejo o tan simple como quieras, pero quiero que uses el ojo de tu mente para ver los colores y ver las líneas que componen el dibujo del contorno, las ventanas, el techo, la puerta y cada parte de esa casa. Mientras estás dibujando, respira a través de las fosas nasales como te he mostrado antes a la cuenta de siete y luego exhala hasta el conteo de diez y mantén este ritmo respiratorio mientras dibujas tu casa. Añadir el jardín, y centrarse en la creación de esa casa y jardín, sin dejar que los pensamientos enojados volver a usted durante todo el ejercicio. Cuando estés feliz de haber terminado el dibujo, abre los ojos y vuelve a hacer que tu respiración vuelva a la normalidad lentamente. No te levantes de inmediato, pero deja que tu cuerpo vuelva a tu estado relajado normal.

Este ejercicio no evita la ira. Lo que hace es alejar tu mente de la ira y redirigirla hacia algo muy creativo, usando esa parte del cerebro que se ocupa de la creatividad. Cuando haces esto, eres capaz de soltar la ira, y cuando estés tranquilo, podrás encontrar mejores soluciones que la ira para lidiar con lo que sea que te hizo enojar en primer lugar.

Expulsar la ira mediante la respiración

Este es otro método que puedes usar para disipar la ira. Respira a través de las fosas nasales a la cuenta de ocho y luego exhala como un snort como si estuvieras tratando de volar todas las cosas malas de tu sistema. Es posible que te miren extrañamente si intentas hacer esto en un lugar donde la gente pueda verte, así que elige un lugar donde puedas estar solo mientras usas este método. Respira – y luego imagina que eres un dragón deshacerse de todo ese fuego dentro de ti en la respiración exterior. Respira y haz lo mismo de nuevo hasta llegar a la etapa donde la ira ha disminuido.

El método 4-7-8 de respiración

Este fue un método ideado por el Dr. Andrew Weil, y he probado esto en personas que sufren de ira, y es eficaz. Para que este ejercicio funcione, es necesario estar sentado recto con los pies planos en el suelo. Respira en la cuenta de cuatro, aguanta la respiración para el recuento de siete y exhala hasta la cuenta de ocho. Usted está deshaciéndose del exceso en el torrente sanguíneo respirando de esta manera, y este exceso consiste en oxígeno, que se ha acumulado a través de la respiración errática mientras experimenta ansiedad o tensión que por lo general conduce a la ira. Pruébalo varias veces al día si quieres ya que nadie sabrá que lo estás haciendo ya que no es un ejercicio de respiración obvio en absoluto, pero ayuda a regular la cantidad de oxígeno que puede excitarte y hacerte sentir nervioso. Cuando te des haces de ese exceso, estás naturalmente más tranquilo.

Respiración nasal alternativa

Cuando la ira te desgasta, y sientes que la apatía se adentra, este ejercicio puede ayudar a revitalizarlo, pero solo usarlo cuando quieras esa energía en lugar de usarla cuando tienes exceso de energía. Sostenga el pulgar sobre la fosa nasal derecha y respire a través de la fosa nasal izquierda. Suelta la fosa nasal derecha y exhala. La idea es que uses fosas nasales alternativas para inhalar y salir durante un período de unos cinco minutos. Mientras haces esto, concéntrate en lo que estás haciendo en lugar de en los pensamientos que te han llevado a esta apatía en primer lugar.

Hemos cubierto mucho que incluye la respiración, pero este es el pilar para la meditación consciente, y es mejor que usted sea consciente del método antes de tratar de meditar. La meditación no es compleja, pero las personas la hacen compleja discutiendo mentalmente con el proceso. En el caso de Elizabeth Gilbert, en el libro Eat, Pray, Love, lo que estaba luchando fue el proceso de dejar ir los pensamientos, ya que pensaba que estos son una parte importante de lo que era, aunque una vez que aprendió el método, de repente descubrió que lo único que la retenía en su vida era de hecho sus procesos de pensamiento y una vez que fue capaz de cambiarlos , también fue capaz de cambiar la forma en que vivió su vida. Puedes hacer lo mismo, una vez que entiendas el significado del silencio en mente y veas cómo puede ayudarte.

En los próximos capítulos, vamos a ver la meditación consciente y prepararte para este viaje hacia un nuevo tú. Puede que no sientas que quieres ser algo diferente de quien eres ahora, pero no eres exactamente tú lo que cambia. Lo que cambia es la forma en que tu mente procesa los pensamientos.

Por favor, no se salte la lectura de las partes preliminares del aprendizaje sobre la meditación porque estas son necesarias para ayudarle a tener éxito. Aunque pueden tener poca importancia en este momento, lo harán a su debido tiempo, y una comprensión de cómo funciona su cerebro le ayuda a hacer que funcione más eficazmente y deshacerse de la ira que siente sobre la vida. Una vez que te des haces de la ira, las cosas mejoran enormemente, y empiezas a sentirte mucho más feliz.

Capítulo Once

Prepararnos Parala Meditación Diaria

Le expliqué en un capítulo anterior cómo funciona el hipocampo para registrar todos los eventos de tu vida que parecen ser significativos para ti. ¿Cómo sabe lo que es significativo? Lo sabe porque ve y reconoce patrones de comportamiento. Por ejemplo, si tienes miedo de las arañas, sabrá tu respuesta obvia para ver una araña y actuará más rápido de lo que la mente consciente te recordará que hay una araña presente. Es la forma del cuerpo de protegerte, pero también es un poco travieso cuando se trata de predecir cómo te comportarás. Por ejemplo, si una persona te enoja, tu hipocampo lo sabe, y cuando esa persona esté cerca, estarás alerta debido a este conocimiento previo. Los hábitos se forman durante la vida de su vida, y estos hábitos se registran dentro de su hipocampo, que le dice que es hora de un cigarrillo o que necesita café, o de hecho que necesita orinar. Tu cuerpo crea patrones, y por supuesto, el hipocampo salta y te hace reaccionar a lo que está sucediendo en tu vida.

¿Qué tiene esto en la meditación?

Bueno, el hecho es que si haces de la meditación un hábito diario, después de aproximadamente un mes, ni siquiera tendrás que hacer un esfuerzo para hacerlo. Será algo que hagas sin siquiera pensarlo porque es reconocido como un hábito. La idea de hacer de la meditación un evento diario es para que refuerce ciertos valores en tu mente y te relaje y te permita lidiar con situaciones sin dejar que la "mente de mono" se interponga en el camino de tomar decisiones sin enojarte. La mente de mono es la mente que está llena de pensamientos o cajas de cartón medio abiertas de emociones que están inquietas. Esto es lo que se mete en el camino del pensamiento claro. Si metes la pata en el trabajo, lo más probable es que la mente de mono te quite la atención del trabajo. Si metes en una relación, probablemente sea porque tu mente estaba demasiado ocupada con otras cosas para recordar que era tu aniversario o algo bastante importante. El punto es que tu mente está demasiado llena de pensamientos para la claridad, y la meditación ayuda a poner la mente en un estado donde puedes ver las soluciones claramente y no tienes problemas para procesar la información.

Comprometerse con la meditación

Es una buena idea organizar un lugar para su meditación diaria. Puede estar en su dormitorio, o podría ser en una habitación tranquila en su casa o incluso en su jardín o patio. El punto es que esta área debe permitirle sentarse en silencio y no distraerse demasiado con lo que está pasando a su alrededor. Puedes hacerlo más inspirador añadiendo cosas que te inspiran, como una imagen, velas o incluso una estatua de Buda. Recuerda que Buda no es un Dios en absoluto. Es una inspiración, y si funciona para ti, entonces ve por ella. Si crees que te sentarás en el suelo, es posible que necesites comprarte una colchoneta de yoga y un cojín para que puedas mantener la postura necesaria para tu meditación. El cojín debe ser lo suficientemente duro para apoyar su cuerpo sin sentirse incómodo.

También tienes que elegir la ropa en la que meditar, y estas deben ser ropas que no te distraigan. Las cosas que podrían distraerte son las siguientes:

- Un escote apretado

- Una cintura ajustada

- Zapatos incómodos

- Ropa que te hace picar

El punto de elegir algo suelto es para que la ropa no esté en tus pensamientos cuando medites. Usted tiene centros de energía a través de su cuerpo y puede tener que practicar la posición de asiento un par de veces hasta que esté satisfecho con él. Si usted está de alguna manera discapacitado y no puede sentarse en un cojín en el suelo, no se preocupe. También puede meditar mientras está sentado en una silla de respaldo recto, pero no se incline hacia atrás porque su columna vertebral debe ser recta durante todo el proceso de meditación.

Posición del asiento

Practica esto ahora para que cuando decidas meditar, estés listo y capaz de meditar sin tener que pensar mucho en la posición. Debe colocarse sobre su cojín y asegurarse de que su espalda está recta. Dobla las rodillas y asegúrate de que los tobillos estén cruzados. No hay necesidad en absoluto de tomar la posición de loto completo porque usted no tiene experiencia en esto, y puede hacer que demasiado incómodo cuando se inicia por primera vez. Los brazos deben estar doblados en los codos, y las manos deben estar cortadas en dirección ascendente con una mano apoyada en la otra. Si eres diestro, deja que la mano derecha apoye la izquierda. Si eres zurdo, deja que la mano izquierda apoye la otra. Toque sus pulgares juntos.

Si está utilizando una silla para la meditación, la postura es ligeramente diferente. En este caso, siéntate con los pies planos en el suelo con la espalda recta en todo momento, y la cabeza ligeramente baja para abrir la respiración y hacerla más fácil. Descanse las manos en su regazo, esta vez con las manos juntas y se volvió hacia el techo..

Cierra los ojos por un momento e intenta imaginar que estás a punto de meditar. Usa todos tus sentidos para descubrir cómo se siente el área que has elegido para tu meditación. ¿Qué puedes oír? ¿Qué puedes oler? ¿Qué puedes probar? ¿Qué puedes sentir? Si sientes borradores, entonces necesitas eliminarlos antes de meditar. Si usted es interrumpido por el ruido, ¿hay alguna manera de que usted puede elegir un momento en el que esos ruidos no serán evidentes. El momento ideal para meditar todos los días será a primera hora de la mañana o antes de la cena por la noche.

Es importante entender que la meditación requiere consistencia y que el tiempo que elijas debe ser un tiempo regular cada día. Si te pierdes un día, por supuesto, puedes compensar eso simplemente siendo consciente durante el día, pero es un buen hábito para entrar de forma regular porque cuanto más te metes en la meditación, mejor te sientes y más capaz te sientes de manejar tu ira.

¿Cuándo debe meditar?

No es una buena idea meditar después de comer porque su sistema digestivo está funcionando y le recordará ese hecho mientras medita. Dale tiempo a tu cuerpo para digerir los alimentos antes de meditar y trata de meditar antes de una comida o al menos dos horas después de comer para que tu comida sea digerida. Tampoco es un buen momento para meditar cuando tu mente está exagerada, así que trata de evitarla después de ver una película de acción, o después de haber estado enojado con el tráfico durante la última hora más o menos. Los momentos ideales tienden a ser a primera hora de la mañana o, como se indicó anteriormente, antes de la cena. Si puede hacer que los miembros de su familia entiendan que necesita este tiempo solo, esto es útil.

El mejor momento para meditar siempre va a ser cuando te sientas tranquilo y sin prisas. Sólo te llevará media hora como máximo cuando comiences. Usted puede encontrar que usted quiere meditar durante un período más largo una vez que haya comenzado, pero esa es su elección. Si establece su despertador media hora antes, esto significa que no será más tarde para el trabajo y será capaz de meditar antes de que el resto de su hogar haya surgido.

Capítulo Doce

Meditación Consciente en la Práctica

Cuando te preparas para la meditación Mindfulness, es una buena idea tener un reloj a la vista para que no sobrepases tu tiempo y te hagas llegar tarde al trabajo. Con el tiempo llegarás a saber exactamente cuánto tiempo son tus sesiones, pero por el momento, será difícil de medir. Siéntese en la posición elegida. Si decide utilizar una silla, tome la siguiente postura:

Siéntese en la silla con la espalda recta y los pies planos en el suelo.

Coloque una mano en la otra con las palmas hacia arriba y toque los pulgares.

Si eliges usar una estera de yoga y un cojín, entonces esta es la posición en la que necesitas estar antes de colocar las manos en frente de ti. Observe cómo las piernas están dobladas en las rodillas, y los tobillos están cruzados.

Usted non't necesita para que sea más complejo que este. Tque cojín que usted utiliza debe darle el apoyo adecuado. Ahora junta las manos y toca los pulgares juntos. La idea es que ahora se balancee de izquierda a derecha para asegurarse de que se siente cómodo. Recuerde que incluso cinco minutos en una posición que es incómodo para el cuerpo puede ser demasiado. Cuando encuentras tu centro balanceándote de izquierda a derecha, tienes más posibilidades de mantenerte cómodo durante el proceso de meditación.

Fírte la hora y luego cierra los ojos. Comienza a respirar y a contar a medida que inhalas a través de las fosas nasales cuenta hasta ocho y siente el aire hacia abajo en la parte superior del abdomen. Luego exhala a la cuenta de diez. Haz esto una y otra vez hasta que estés contento con el ritmo de tu respiración. Trate de evitar pensar en nada en absoluto, excepto en el conteo y la respiración, y cuando sepa que el ritmo es correcto, cuente uno, al final de la inhalación y exhale, luego dos al final de la inhalación y exhalar, y así sucesivamente hasta que llegue a diez.

Si los pensamientos vienen a tu mente, debes aprender a descartarlos por no ser válidos a este momento en el tiempo. Si invaden, simplemente vuelves a uno y vuelves a empezar. Todo el tiempo que estás respirando y pensando sólo en la respiración, estás permitiendo que tu mente se sienta libre de todos los pensamientos y preocupaciones del mundo; te estás quedando en el mismo lugar, en este mismo momento, respirando dentro y fuera y siendo consciente de la forma en que tu cuerpo se siente al hacerlo. Mientras mantengas tus pensamientos en este momento, entonces se les permite. Por ejemplo, si crees que te gustaría probar la meditación inspirada, entonces por qué no encender una vela, y en lugar de cerrar los ojos, concéntrate en la llama de la vela mientras respiras y exhalas y cuentas las respiraciones. No uses nada que pueda distraerte del acto de meditación. Siempre les digo a los principiantes que mediten con los ojos cerrados porque ayuda a detener las distracciones. Puede que no lo sepas, pero tus ojos pueden ser arrastrados fácilmente a la derecha o a la izquierda simplemente notando un movimiento, y eso distrae todo el proceso. Por lo tanto, por el momento, mantener los ojos cerrados te ayuda a concentrarte en la respiración y el momento.

Si necesitas imaginar la respiración como una llama que entra en ti y luego ser exhalada, está bien; su pensamiento se centra en la respiración. Sin embargo, evita los pensamientos que forman cadenas de lógica en tu mente, porque la meditación es un tiempo sólo para ser, en lugar de pensar en ser. No te golpe es si los pensamientos se arrastran. Al principio lo harán porque piensas tantos pensamientos al día que va a ser difícil apagarlos al principio. Simplemente reconoce el pensamiento y luego déjalo ir.

Tal vez se pregunte cuál es el punto del ejercicio, ya que muchos alumnos me hacen preguntas acerca de la meditación, y trataré de responder a las comunes en esta sección:

¿Por qué necesitas respirar ?

Porque la respiración está sucediendo ahora, y usted está tratando de centrarse en este momento. La respiración es regular y fácil de centrar tu mente sin tener que entrar en los reinos del pensamiento profundo. Si tienes que concentrarte, no puedes meditar, así que déjalo ir y déjalo respirar.

¿Qué puedo hacer con que los pensamientos no se detengan?

Usted tiene el control de sus procesos de pensamiento. Sin embargo, debido al hábito, tomará un tiempo antes de que seas capaz de dejar de en medio los pensamientos, y puedes practicar esto reconociendo las cosas que haces casi como segunda naturaleza. Por ejemplo, cuando te levantas por la mañana, no eres consciente de cómo te levantas de la cama. Simplemente hazlo. Probablemente no pienses en limpiarte los dientes; sólo lo haces. Probablemente no pienses ni un segundo en ir al baño, solo hazlo. Cuando te acostumbras a hacer meditación, todas las acciones automatizadas se convierten en segunda naturaleza; no tendrás que pensarlo, simplemente lo harás. La importancia de hacerlo a diario se aplica aquí porque usted está tratando de formar un nuevo hábito - uno que le ayudará a manejar su ira. Si los pensamientos no se detienen, simplemente usa tu concentración para pensar en tu respiración, para que los pensamientos no puedan formar cadenas. Al principio, será una decisión consciente, pero cuando te acostumbres a la meditación, ya no necesitas pensar en ello.

¿Qué es lo que puedoencontrar mi posición de Sitting es incómodo?

Bueno, aquí no te habrás tomado suficiente tiempo para sentirte cómodo en primer lugar, por lo que es importante balancearte. Aunque no pienses que 15 minutos de sentarte en la misma posición pueden doler, si no te has equilibrado, puede hacerlo. Las personas en estrictas rutinas de meditación no se moverán porque se sienten incómodas, pero aprenderán de ella a posicionarse correctamente la próxima vez.

¿Qué me interrumpe mientras estoy meditando?

Es mejor que no te interrumpan, y para evitar esto, intenta poner un aviso en la puerta "No molestar" o deja que los miembros de la familia sepan que cuando estás meditando, necesitas estar solo e ininterrumpido. Si te interrumpen, no te levantes demasiado rápido, ya que los latidos del corazón serán más lentos y la presión arterial habrá bajado. Simplemente responde desde donde estás y sigue meditando.

¿Puedo meditar a otros?

Puedes, pero es muy difícil organizar una rutina diaria de meditación cuando dependes de que otros estén ahí. Para tu meditación diaria, es, por lo tanto, mejor que medites solo. Si encuentras que la oportunidad se presenta para ir a un centro de meditación o una clase de yoga, entonces trata eso de manera diferente y por todos los medios ir porque cuanto más insumo obtengas en el proceso de meditación, mejor.

¿Puedo meditar después de desayunar ?

Es mejor que nunca medites después de comer porque tu estómago te recordará que está funcionando. La digestión quita mucha energía del proceso de meditación, por lo que este no es el momento ideal para meditar. Por supuesto, desayuna después de tu sesión de meditación, pero nunca antes.

¿Qué significa dejar que se vayan los pensamientos?

Muchos de los pensamientos que tenemos durante el día son vagos. Pueden relacionarse con acontecimientos que han sucedido en el pasado, o pueden relacionarse con cosas que van a suceder. Durante la meditación, necesitas estar centrado en el momento, así que pensar en el pasado no te ayudará, y pensar en el futuro te saca del momento. Desperdiciamos muchas de nuestras vidas pensando en cosas que ya no importan, especialmente cuando tenemos problemas de ira. En el siguiente capítulo, voy a entrar en detalles de dejar ir, pero por el momento, si estás en el momento y no estás pensando en pasado o presente, entonces has solteado tus pensamientos.

Prueba este ejercicio por un momento. Siéntate en una silla, respira y exhala y cierra los ojos al mundo. Ahora trata de dejar de pensar. No es lo más fácil del mundo. Ahora, cuando ocurra un pensamiento, pregúntate si es relevante para este momento, y si no lo es, déjalo ir. Usted encontrará que esta es la lección más difícil de todas, especialmente si usted tiene un problema de ira porque las personas que están enojadas tienden a aferrarse a las cosas por un período de tiempo más largo de lo que necesitan. Están tratando de encontrar soluciones, pero al tratar de esta manera, complican aún más las cosas, mientras que la meditación y una mente libre de pensamiento les ayudará a encontrar conclusiones lógicas de sus problemas sin todo el trabajo mental.

Meditación enfocada

Si encuentras que no puedes hacer meditación mindfulness, puedes
usar otro tipo de meditación que sea igualmente consciente; este
tipo enfoca la mente en algo específico para que no tengas un vacío
como lo haces cuando cierras los ojos. En este caso, el proceso es
exactamente el mismo, pero tienes que elegir algo en lo que
enfocarte mientras haces la respiración que te lleva a la meditación.
Una vela puede hacer el truco, o es posible que desee tener una foto
de alguien importante para usted para recordarle por qué desea
trabajar en su manejo de la ira en primer lugar. Medita como lo
harías de otra manera, pero mantén tus ojos en el punto focal de tu
meditación, lo que puede ayudarte a evitar que los pensamientos
entren en tu mente mientras intentas vaciar la mente de los
pensamientos.

Capítulo Trece

Dejar ir los Pensamientos

Estos son algunos ejercicios que te ayudarán a dejar de pensar. Piense en un pensamiento como un invasor de su espacio privado y elija una pieza de música que usted puede conseguir totalmente absorbido en. Muy a menudo, el ruido de la vida continúa, y nos fijamos muy poco en que está sucediendo en nuestras cabezas, pero este ejercicio le ayudará a entender el alcance de su problema. Acuéstate y escucha esa pieza de música y cada vez que surge un pensamiento que no tiene nada que ver con la música, apaga el pensamiento y disciplinate para volver a ser absorbido por la música. Es un buen entrenamiento y si necesitas un auricular para hacer esto, por todos los medios, usa uno. No necesitas la música tan fuerte que te energice. Necesitas música que requiera escuchar, y la elección debe ser algo que te relaje.

En una situación como esta, es muy fácil dejar de lado los pensamientos porque tienes algo más en lo que concentrar tu mente. Sin embargo, en la vida en general, no tenemos eso, así que embotellamos todos los pensamientos hasta que nos abrumen. En lugar de hacer eso, echemos un vistazo a los diferentes tipos de pensamientos que pueden suceder durante el transcurso de incluso media hora:

- Pensamientos negativos de la autoimagen

- Pensamientos negativos sobre una situación o persona

- Pensamientos evocados por las emociones

- Pensamientos sobre las cosas que tienes que hacer

- Pensamientos sobre cosas que no has hecho

- Pensamientos abstractos que parecían venir de la nada

Tus pensamientos necesitan ser entrenados. Es sólo un pensamiento, y hasta que se actúa en, no tiene ningún valor para usted en absoluto. Si los pensamientos son negativos y no los resuelves, pueden añadir a tu negatividad, por lo que debes decidir:

¿Qué pensamientos necesitan mi atención inmediata?

¿Qué pensamientos son irrelevantes en este momento en el tiempo?

¿Qué pensamientos me hacen negativo?

Entonces mira los problemas de tu vida. Hay algunas cosas sobre las que no puedes hacer absolutamente nada. Naciste muy corto. Eres demasiado regordeta. Tu cabello no crecerá. Tu nariz es demasiado grande. Los pensamientos sobre cosas que no puedes cambiar son pensamientos totalmente desperdiciados y ocupan espacio en tu mente que sólo añade negatividad a tu día. Estos son pensamientos que puedes desterrar en un momento dado porque alimentan tu ira y tu negatividad. Para desterrar estos pensamientos, reenmarcarlos y responderlos con algo más positivo y luego dejarlos ir. Por ejemplo, "Soy demasiado corto" puede ser reemplazado por "Mi estatura en la vida no se puede medir por mi altura". Siempre hay contra-argumentos a los comentarios negativos en su cabeza que no sirven ningún propósito positivo. Estos son los pensamientos más importantes a dejar ir porque no puedes hacer nada al respecto, y repasarlos una y otra vez simplemente se suma a tu insatisfacción con la vida. Imagínate como globos, y cuando reconoces uno de estos pensamientos que vienen a tu mente, hazlo estallar.

Pensamientos emocionales

Los pensamientos emocionales no siempre son lógicos, y a menudo las personas que se enojan fácilmente van a tener pensamientos emocionales. Piensan con sus emociones en lugar de usar la lógica para concluir los problemas que suceden en sus vidas. Hay una muy buena manera de desterrar los pensamientos emocionales de una manera negativa mediante el uso de la atención plena. Cuando sabes que estás rodeado de negatividad y tus pensamientos te están acercando a la ira, lo mejor que puedes hacer es tomar esos pensamientos, concentrarte en ellos brevemente y luego desterrarlos. Por ejemplo, sabes que la gente a tu alrededor está haciendo cosas que no te gustan particularmente, pero también sabes que el disciplinario que tienes dentro no está funcionando muy bien. En lugar de tratar de explicar las acciones de los demás, usa las afirmaciones para ser más responsable de lo que está pasando en tu mente. Eso no significa sentarse frente a un espejo y decirte a ti mismo que eres hermosa. He leído este consejo en todo

Internet, y no es muy alentador para las personas que saben que no son tan hermosos. En lugar de usar afirmaciones que no convencen a nadie, mira a tu alrededor y desvía tus pensamientos a cosas a tu alrededor que forman parte de este momento.

Hay un muy buen dicho del Dalai Lama, que es útil en este caso porque muestra cuánto desperdician sus vidas en la tierra de los pensamientos. Cuando se le preguntó qué le sorprendió más de la humanidad, esta fue su respuesta:

"Hombre! Porque sacrifica su salud para ganar dinero. Luego sacrifica dinero para recuperar su salud. Y entonces está tan ansioso por el futuro que no disfruta del presente; el resultado es que no vive en el presente o en el futuro; vive como si nunca iba a morir, y luego muere sin haber vivido realmente.

Estas son palabras que vale la pena recordar cuando descubres que los pensamientos emocionales están tomando el control. Sólo estar en el momento por un minuto en lugar de permitir que las emociones se apoderen, y concéntrese en lo que todos sus sentidos se sienten feelen este momento en el tiempo.

- El sentido del gusto

- El sentido del tacto

- El sentido de la audición

- El sentido de la vista

- El sentido de la intuición

Y usa estos pensamientos para reemplazar los pensamientos negativos o los pensamientos que giran en torno a las emociones. Estos son sentidos muy útiles para usar cuando haces afirmaciones porque puedes hacer afirmaciones que realmente son verdaderas. Por ejemplo:

El café que estoy bebiendo es absolutamente delicioso

El perfume que lleva la mujer es maravilloso

Puedo ver que no hay una nube en el cielo

Tengo tanta suerte de poder ver los colores y los lugares de interés de la ciudad

Me siento muy honrado de tener todos mis sentidos

En otras palabras, entra en el momento y empieza a decirte lo que es bueno de este momento en el tiempo. Recuerdo estar al lado de la tumba de un ser querido cuando estaban siendo enterrados, y los pensamientos emocionales se apoderaron de los que te enojan, sino el tipo que provoca emociones negativas, sin embargo. Entonces empecé a mirarme a mi alrededor a la naturaleza y me quedé asombrado de que, como mi amigo había muerto, una onagra había echado asomó su cabeza fuera del seto de invierno y estaba trayendo una pequeña mota de belleza al mundo. Cuando me enfrento a una situación que puede haberme enfurecido en el pasado, tiendo a mirar hacia la naturaleza bastante para disfrutar del momento en el tiempo, y estas declaraciones positivas que haces en lugar de expandir la negatividad te ayudan a mantener tus emociones en control. Por lo tanto, la ira no tiene que suceder.

Otra cosa que tiende a paralismo con pensamientos negativos es rodearte de personas que son positivas. Si encuentras que siempre estás rodeado de gente negativa, es muy fácil dejar que esa negatividad se haga cargo. Debe haber algunas personas en tu vida que te cansan mentalmente. Estas son las personas con las que hacer menos contacto porque son el tipo de personas que te drenan. Sin embargo, las personas que son felices y que son positivas son mucho más propensas a hacerte sentir positivo y deshacerse de esos pensamientos enojados.

Como otra forma de deshacerse de los pensamientos, quiero que cierres los ojos por un momento y recuerdes el día más glorioso de tu vida. Puede haber sido cuando eras un niño. Puede haber sido cuando te enamoraste por primera vez o cuando recibiste reconocimiento por algo que hiciste. Al cerrar los ojos, quiero que veas la situación a todo color y a las personas con las que estabas y experimentes esas emociones de nuevo. Esta es la única vez que está pensando en el pasado es útil para usted. Cuando te encuentres fuera de control y enojado, mantén este pensamiento como tu ruta de escape; simplemente cierra tu mente a lo que te hace enojar y reemplácelo con tu propio pedacito de paraíso. Acompáñalo con respiración profunda para que cuando tengas que enfrentarte a la situación que te hizo enojar, estés más tranquilo y más capaz de llegar a soluciones que no causen ira.

Un ejercicio de cambio mental

No sugiero que hagas esto todos los días. Sin embargo, por el bien de mostrarte lo temporal que es el proceso de pensamiento, quiero que pienses en lo peor que te ha pasado. Siente las emociones, siente el dolor y luego cambia a ese día más feliz tan rápido como puedas para que seas superado por pensamientos más felices. Usas los mismos métodos cuando tienes cosas sucediendo en tu vida que quieres cambiar de tu mente. Respira profundamente, piensa en lo que te está molestando y dile que no es apropiado en este momento, y luego suéltalo, cambiando tu mente hacia lo que está sucediendo en el verdadero aquí y ahora eso es positivo.

El cambio de mente te enseña a ser consciente. Lo que significa mindfulness es ser consciente de tus pensamientos y tener el control de este momento. Si vienen pensamientos que no son relevantes para este momento, déjelos ir y piense en los pensamientos que son. A menudo las personas no pueden ir a dormir porque se vuelven agudamente conscientes de que no pueden ir a dormir, y en lugar de relajarse en el sueño, los pensamientos de su incapacidad para dormir se apoderan de control, y no pueden dormir. Si dejan ir la idea de que no pueden dormir y simplemente comienzan a pensar en términos de relajación y sueño, lo más probable es que duerman mejor de lo que recuerdan haber dormido antes porque los pensamientos dan forma a lo que sucede en el exterior. Los pensamientos enojados hacen lo mismo. Te hacen parecer feo para los demás. La gente se siente intimidada por la ira y se resistirá a ser amable con alguien que parece estar enojado. La ira causa miedo. El pensamiento reflexivo y la ayuda no lo hacen. Tienes que saber qué pensamientos son apropiados en qué momento dado, y eso es simplemente una cuestión de práctica. Cuando respondes a la vida con positividad y estás en este momento, estás menos estresado. También estás mucho más tranquilo, y encontrarás que la atención plena te permite dejar caer pensamientos cuando y donde quieras, y pasar a pensamientos que son más productivos o que te alimentan de positividad en lugar de negatividad.

La meditación de mindfulness que haces cada día vacía la mente, por lo que es receptivo a lo que está sucediendo en el día. Ya no teimporta obstruido por los pensamientos del pasado, y no actúas de una manera preocupada. La preocupación no sirve para nada. Usa un sistema de diario para recordar cosas importantes, y luego una vez que esté escrito, ya no tienes que preocuparte por ello. No guardes cosas en tu cabeza que se pueden aclarar soltando pensamientos. Muchas personas que sufren de problemas de manejo de la ira se sienten mal acerca de quiénes son. Tal vez tuvieron una mala experiencia y se sienten culpables por ello, o sienten que están pisando cáscaras de huevo cuando están con ciertas personas. En lugar de dejar que esas cáscaras de huevo te hagan caminar con cuidado, míralas eclosionar en criaturas hermosas y dejar que lo que se supone que suceda simplemente suceda.

Capítulo Catorce

Dejar de Juzgar y Culpar

Este es uno de los aspectos más difíciles de la atención plena para que la gente las entienda. Cuando te juzgas a ti mismo o a los demás, estás estableciendo obstáculos. Es posible que estas personas no coincidan con tus expectativas, o que te enojes porque no cumples con tus propias expectativas, pero ¿y si esas expectativas no estuvieran ahí en primer lugar? El hecho es que cada ser humano tiene derecho a su propio enfoque de lavida, y sólo porque alguien no está de acuerdo con usted no los hace equivocados y usted tiene razón. Tienes que aprender empatía porque esto te ayuda a sacar el juicio de la imagen.

Entonces, ¿cómo se deja ir el juicio?

Piensa en todos tus amigos por un momento y escribe sus nombres. Luego, al leerlos, uno a la vez, trate de ver esta situación desde su perspectiva.

No puedo ir más lejos. Mis piernas están demasiado cansadas y mis manos demasiado frías.

Señale el nombre del amigo y cierre los ojos y piense en cómo esa persona respondería a esa situación. Sé esa persona. Imagina estar en sus zapatos porque cada ser humano se acercará a las situaciones de la vida desde diferentes ángulos, y no puedes saber lo que es la empatía hasta que has estado allí. A medida que avanzas en tu lista de amigos e imaginas ser esa persona en esa situación, verás algo que es sorprendentemente   obvio. Es decir, diferentes personas tienen diferentes perspectivas. Lo que está sucediendo en cada escenario es exactamente el mismo, pero debido a que una persona es diferente, ve las cosas de manera diferente. Permítanme mostrarles esto con un número de mis amigos, cuyos nombres he cambiado intencionalmente ya que esto no es personal en absoluto.

María – decidida y fuerte, independientemente de cómo se sienta, arrastrará sus piernas hacia adelante e incluso encontrará aliento para las personas a su alrededor, independientemente de su propia incomodidad.

Susan – Susan irá lentamente y probablemente se quejará porque es su manera de hacer frente, y le ayuda a equilibrar lo que está sintiendo.

Ian – Ian se sentirá enojado porque está fuera de control de la situación y puede volverse ágil con los demás. No es que se sienta ágil. Es simplemente que no conoce otra forma de expresar dudas y falta de control sobre sus circunstancias.

Si fueras a juzgar, probablemente dirías que Mary es una líder. Susan es un plodder, e Ian es un gruñón, pero como se puede ver por la forma en que cada uno de ellos piensa, cada uno, a su vez, está usando lo que puede para combatir una situación difícil y no debe ser juzgado por ello, aparte de usar una empatía comprensiva para sus circunstancias.

Cuando consideras que la fisiología humana es la misma para todos, es decir, necesitamos comida, necesitamos amor, necesitamos un propósito, y necesitamos buena salud, entonces también apreciarás que cada ser humano responde a la vida dentro del nivel de su propia capacidad y no es que otros juzguen cómo lo hicieron. Sólo podemos adivinar cómo reaccionarán los demás ante ciertas circunstancias, pero podemos ser más precisos en nuestra evaluación si somos empáticos y podemos ponernos en el lugar de los demás. La atención plena consiste en sacar el juicio de la ecuación. Tal vez puedas empezar perdonando. Perdónate por las cosas que no puedes hacer o por las que fallaste. Entonces perdona a los que te rodean que aparentemente te han hecho daño. El punto del perdón es darle un nuevo punto de partida, del cual sacará el juicio de la imagen. Te libera y te permite no guardar rencor o sesgo hacia o en contra de otras personas.

Ahora prueba este ejercicio de mindfulness, que también combina un poco de terapia neurolinguológica que te ayuda a dejar caer todas tus concepciones negativas sobre las cosas que te han sucedido en tu vida. No puedes cambiar esascosas, y cuanto más piensas en ellas, más se les permite enojarte o herirte, pero la ira y el dolor se autoinfligen dejando que los eventos del pasado se cuelen en este momento presente. Como saben, la atención plena es sobre este momento y ningún otro. No mira hacia atrás, y no avanza preocupándose por cosas que aún no han sucedido. Ahora agrega el bit neurolinguístico, y tienes un buen estado de cosas, donde puedes controlar tus sentimientos aún más. Piensa por un momento en algo que te molesta, y eso te enoja lo que te ha pasado en el pasado. Puede tener que ver con la traición, o puede tener que ver con la dinámica padre-hijo. Ahora ve a YouTube y encuentra música de circo. Lo que quiero que hagas es ir desde el momento presente y reproducir el evento que te pasó, pero esta vez reproducirlo hacia atrás y reproducir la música al mismo tiempo. Cierra los ojos y piensa en todo lo que tiene que ver con ese evento y verlo como una película en reversa. Entonces abre los ojos y trata de pensar en ese evento de nuevo. Probablemente encontrarás que realmente no puedes ser lastimado por ella porque ahora lo asocias con la extrañeza de la reproducción. Si este sistema funciona para usted, há hacerlo antes de su próxima sesión de meditación mindfulness. Comience su sesión con una mente que está abierta a la positividad en lugar de estar llena de pensamientos negativos.

Mindfulness y Juicio

Elige un momento en el que sepas que no te molestarán por un tiempo y siéntate en una cómoda silla y centra tu atención en algo dentro de esa habitación, donde no tienes que tensar el cuello para mirarlo. Debe ser algo al alcance de tus ojos y algo a lo que puedas volver tu mirada a medida que avanzas por esta sesión de atención plena.

Empieza a respirar como lo has hecho antes: a través de las fosas nasales a la cuenta de ocho y fuera a la cuenta de diez. Los fumadores pueden encontrar esto difícil de hacer ya que tienden a respirar a través de la boca. Sin embargo, es importante usar las fosas nasales porque filtran y limpian el aire que respiras; también, el aire que respiras a través de las fosas nasales se entrega en tu cuerpo a la temperatura correcta. Quédate con él y sigue respirando de esta manera. Ahora enfoca tus ojos en el objeto que has elegido y sigue respirando de esta manera. Si los pensamientos vienen a tu mente, no debes juzgarlos ni permitirles formar cadenas de pensamiento. En lugar de eso, usted necesita desterrarlos simplemente volviendo a ser en el momento y mirando lo que ha elegido como su punto focal.

Lo que quiero que hagas inmediatamente después de haber hecho esto durante diez minutos es escribir los pensamientos que invadieron tu mente mientras hacías esto. El hecho es que tenemos pensamientos para un propósito específico, y nunca sugeriría ignorar esos pensamientos en la medida en que ignores tus obligaciones de vida, y algunos de esos pensamientos pueden haber sido importantes para ti. Mira esos pensamientos.

¿Cuáles son los pensamientos negativos?

¿Cuáles eran pensamientos innecesarios?

¿Qué pensamientos implicaban juicio?

¿Qué pensamientos eran recordatorios?

Ahora ve tu día normal y actúa sobre esos pensamientos que eran necesarios, pero lo que estás haciendo es empezar a reconocer el patrón de pensamientos que vienen a tu cabeza, y pronto te darás cuenta de qué pensamientos son necesarios y actúas sobre ellos y cuáles eran superfluos. Te estoy llevando a la meditación de una manera muy lenta intencionalmente. Si usted es alguien que sufre de ira y que quiere el manejo de la ira, entonces no es una buena idea simplemente tratar de meditar. Perderás la paciencia contigo mismo y te rendirás. Por lo tanto, estos ejercicios te ayudan a ver el proceso antes de hacerlo para que cuando realmente medites, entiendas lo que está pasando en tu mente.

Ejercicio de autocontrol

En este ejercicio, mira tus recuerdos por un momento. Siéntate y escribe las cosas que te han costado perdonar en tu vida. Luego ve a través de ellos y encuentra una manera de llegar a un acuerdo con cada uno de ellos sin usar ningún tipo de juicio. Por ejemplo, si su lista dice:

Mi esposa me lastimó cuando se fue

* Mis hijos no se han mantenido en contacto lo suficiente

* Mi trabajo es aburrido

Mira cada uno de estos y significa sinceramente lo que dices cuando perdonas cada una de las situaciones.

Perdono a mi esposa y seguiré con mi vida

Mis hijos tienen su propia vida, y los perdono

Me perdono por no estar en el trabajo que me hace feliz

Sé que a alguien que está enojado le resulta difícil perdonar, pero en el momento en que lo haces, y realmente crees en tu sinceridad, liberas tu mente de la negatividad y el juicio. El perdón te hace una persona más agradable, alguien que a tu esposa/esposo le puede gustar más o a tus hijos pueden querer visitarlo. No puedes esperar seguir adelante mientras tus pensamientos están plantados en el pasado, y de eso se trata la atención plena. ¿Sabes lo poco atractivas que están las personas enojadas? Deja de enojarte y empieza a perdonar. Deja de juzgar y empieza a ver que otras personas tienen sus motivos para hacer lo que hacen, y tú te convertirás en una persona más positiva.

La ley de la atracción dicta que las personas positivas actúen como imanes para otras personas positivas, pero también funciona al revés. Veamos lo negativo que podrías ser para los demás a través de tu ira:

Usted está enojado con su hijo – Por lo tanto, su hijo le teme. El miedo es negativo e inútil.

Estás enojado con tu esposa – Tu esposa te teme – El amor no puede basarse en el miedo.

Usted está enojado con su vecino – Su vecino está enojado con usted – dos negativos no hacen un positivo.

El punto es que la ira y la negatividad generan ira, frustración y negatividad, y te rodeas de ella todo el tiempo que te aferras a los rencores y no puedes dejar ir los acontecimientos pasados. La atención plena es sobre este momento en el tiempo. Se trata de usar todos tus sentidos para disfrutar de este momento a tiempo, y no está condicionado a que nada sea alegre ayer o infeliz ayer. Es una oportunidad para ver el mundo de una manera diferente. Ahora vamos a probar algo diferente con las personas con las que está enojado.

En lugar de mostrar ira, muestra simpatía, pero debe ser genuino.

En lugar de estar enojado con su hijo, anime a su hijo a ser él mismo.

En lugar de albergar ira contra tu pareja, anima a tu pareja a tener éxito en lo que quieran hacer.

La ley de la atracción te hará parecer mucho más atractivo para esas personas que la ira. En el camino al trabajo hoy, sonríe a algunas personas. Eso no significa darles una sonrisa. Simplemente significa darles una sonrisa de aliento y ver lo que sucede. La gente en el trabajo te tratará mejor. Las personas en la calle que son totalmente extrañas reaccionarán de una manera más positiva, y estar presente en el momento y sonreír puede cambiar toda su perspectiva y su futuro. Muévete de un momento a otro, pensando sólo en ese momento en el que estás. Hay un dicho que dice que necesitas "parar y oler las rosas", y lo que eso significa es que a menudo nuestras mentes están tan ocupadas con todas las cosas negativas que suceden que no notamos cosas a nuestro alrededor que nuestros sentidos deberían estar disfrutando. La gente camina por un parque sin siquiera mirar las flores. La gente camina por una calle, mirando a sus teléfonos y don't incluso realmente saben lo que el clima está haciendo porque están demasiado preocupados con otras cosas. Comienza a estar presente en tu vida, en lugar de estar ausente debido a que tus pensamientos están en otro lugar.

Cómo funciona la culpa

La casa de Sara y John se incendió. Por supuesto, todo el mundo quería saber cuál era la culpa del incendio de la casa. John quería saber si Sara había dejado artículos eléctricos enchufados, ya que siempre le había dicho que los desenchufe cuando no estuviera en uso. Sara quería saber si John se había escabullido al garaje por un cigarrillo. Los bomberos querían saber porque si alguien era culpable del incendio, tal vez Sara y John podrían reclamar el seguro de esa persona. Tal vez un electricista se metió en líos. Tal vez había un aparato de gas defectuoso. Mientras que el trabajo de los bomberos está bastante obviamente destinado a ayudar a la gente a evitar tales cosas de nuevo, la culpa de Sara y John hacia el otro es infructuosa. Habían perdido sus hogares. Si John hubiera sido la causa a través de un cigarrillo, ¿crees que lo hizo a propósito? Si Sara hubiera dejado algo enchufado, ¿no crees que ella lo sabe y se arrepiente? El punto aquí es que la culpa se utiliza para desviar la atención de lo que realmente sucedió y sirve muy poco propósito, especialmente la culpa personal entre una persona y otra. Cuando se cometen errores, la gente generalmente sabe que los ha cometido. Se sienten mal y aprenden de esos errores a no volver a hacer las mismas cosas. Si no puedes perdonarlos, tienes que entender que no es tu lugar perdonarlos. Es tu lugar para apoyarlos a través de los horrores de tal situación y aprender algo de ella. Las consecuencias del incendio en el caso hipotético son que la pareja perdió su hogar. Ninguna cantidad de culpa puede cambiar eso y es lo mismo en la mayoría de los casos donde se emplea la culpa.

Quiero hablarles de una situación que encontré en mi juventud. En una oficina donde trabajé, cometí un terrible error para principiantes, que arrojó las computadoras de la oficina a una situación de caos. Tenía miedo de que me despidieran, pero en lugar de eso, mi jefe me llamó a la oficina y discutió lo que podríamos hacer juntos para solucionar el problema. No había culpa a ella, pero lo que salió de mi error fue el arrepentimiento de mi parte y una enorme disposición para tratar de encontrar soluciones. Si estás utilizando un ordenador portátil o una tablet, intenta moverte a otra ubicación e inténtalo de nuevo. Simplemente trabajaron juntos para decirlo bien y lo que aprendí en esos momentos de desesperación fue que mi jefe ya sabía que lo sentía y prolongando que la miseria no era el camino correcto hacia adelante. En su lugar, eligió pasar por el error conmigo y ayudarme a mí y a otros a ponerlo en lo correcto. La culpa no sirve para nada.

Lo que quiero que hagas es mirar a través de tu vida a las personas a las que culpas y aprender alguna manera de seguir adelante y perdonar sin juicio. Es bastante difícil para alguien que sufre de ira hacer, pero cuando lo hace, libera la mente de esa actitudnegativa, y hace que la gente se sienta más feliz de seguir adelante. Puede que no lo hayas pensado, pero tal vez haya personas que muestren actitudes negativas hacia ti. Se retuercen,, así que en lugar de estar molestos por ello, sé compasivo,, y sabe que la única persona que sufre de esa culpa es la persona que lo siente. Déjese llevar por el juicio y liberarse de la carga del peso de la negatividad.

Tuve que dedicar todo un capítulo a esto porque una de las lecciones más importantes que aprendes de la atención plena es que dejar ir es tu camino hacia la liberación y realmente no puedes hacer eso a menos que hayas examinado tus pensamientos y prejuicios y aprendido a seguir adelante antes de tratar de abordar haciéndote consciente del momento presente y aprovechandolo al máximo.

Capítulo Quince

¿Qué debes esperar de ti mismo durante la meditación?

Si vas a una carrera y cruzas la línea final, logras algo. El problema es que la gente quiere satisfacción, y la satisfacción que viene de la atención plena no es repentina, así que no vas a ver ningún tipo de premio al final de cada sesión de atención plena. Lo que verás, sin embargo, es un cambio en tu actitud, y eso es un verdadero premio porque es algo que puede durar toda la vida. Estas son algunas de las cosas que notarás acerca de tu comportamiento hacia los demás:

- Se volverá más paciente

- Escuchará más que hablar

- No te enojarás tanto

- Usted se encontrará más en control de su vida

Una de las cosas más maravillosas de la atención plena es que te afecta todo el tiempo. Sin embargo, cuando pasas por el ejercicio de meditación mindfulness todos los días, te encontrarás con las siguientes frustraciones:

- No puedo sacar las cosas de mi mente

- No siento que estoy logrando nada

- Encuentro que mi mente vaga

- Tengo problemas para mantener la respiración al tiempo

- No estoy seguro de estar hecho para este

La razón por la que hago hincapié en todas estas cosas es que durante el proceso de meditación, no debes tener expectativas de ti mismo. Cuando sigues una dieta, esperas perder peso, y cuanto antes, mejor. Los humanos han empezado a depender de la gratificación instantánea, y la meditación no es así. No hay premios si lo haces bien. No hay sentimientos instantáneos de ganar en absoluto, pero lo que no sabes es que eres un ganador a largo plazo. Durante el período de tu vida, mientras meditas, las cosas están cambiando dentro de tu cerebro, y son estas cosas las que contribuirán a tu capacidad de vivir la vida sin ira.

No esperes insignias ni premios. Las insignias y los premios son algo que puedes darte a ti mismo si quieres ver tu progreso, pero lo que sucederá es que empezarás a sentirte más suave, y eso te ayudará a relacionarte con las personas que te rodean. Ese es el premio. Usted se vuelve más fácil de vivir con. La gente a tu alrededor te aprecia más, y en realidad te gusta quién eres. Es un gran premio, pero no es una gratificación instantánea. Si estás buscando la gratificación instantánea, entonces la meditación no te la va a dar. Puedes guardar una nota de tu progreso si quieres y usar los momentos después de meditar para tomar notas de las cosas que sientes que puedes cambiar para que la sesión de mañana sea aún mejor.

Por ejemplo, si notaste que había un borrador de la ventana que te distrajo, esto puede recordarte que vuelvas a colocar tu cojín para que no tengas ese borrador mañana. O, si descubriste que estabas obsesionado con un cierto pensamiento, puedes convencerte de que vaciarás tu mente y no darás esta credibilidad a este pensamiento mientras estás meditando.

La meditación te hará más fuerte y feliz a largo plazo, así que trata de mantenerte en ello. Es un evento diario porque lo que estás tratando de lograr es inculcar el hábito en el hipocampo lo suficiente como para que lo hagas sin siquiera tener que pensarlo cada día, como un hábito. Cuando de repente te encuentras al final de una sesión de meditación, y ni siquiera recuerdas haberla empezado, entonces puedes decirte a ti mismo que estás en el camino correcto, que tu mente subconsciente realmente ha tomado la idea de que esto es algo que vas a hacer a diario.

La meditación consciente y la práctica de la atención plena te hacen sentir diferente sobre ti mismo y sobre los demás. También te hace más paciente y menos enojado porque empiezas a ver las cosas desde las perspectivas de otras personas y puede ser más útil para ellos y consciente de sus dificultades.

Así que si sufres de alguno de los sentimientos esperados acerca de tu meditación, sigue independientemente porque notarás las mejoras cuando menos las estés esperando. De hecho, muchas personas que han intentado la atención plena se han sorprendido por los cambios que hace en sus vidas, como se puede presenciar en el caso de Sara Lazar, que se acercó también con escepticismo. Recuerde que la atención plena en total no se trata sólo de meditación. Es mucho más amplio, como habrás aprendido a través del proceso de este libro.

Sea paciente consigo mismo hasta que vea una diferencia porque sucederá. Es un seguimiento natural desde un enfoque consciente. Si necesita más pruebas de esto, puede que le interese saber que los científicos médicos han estado trabajando con el Dalai Lama, en busca de soluciones a los problemas en el mundo de hoy. Como resultado directo de esto, la atención plena se ha utilizado para ayudar a las personas con todo tipo de problemas, en lugar de volver a los medicamentos modernos. Es más duradero, y cambia el enfoque del individuo a la vida para que los problemas no se repitan en el futuro. La atención plena es fortalecerte y cambiar tu enfoque fundamental de la vida, así que una vez que piensas y actúas de una manera consciente, la ira ya no es parte de lo que eres. Es mucho más probable que encuentre soluciones por otros medios.

Capítulo Dieciséis

Amor propio y Respeto
de la Atención Plena

Muchas personas que han recogido este libro o leído la introducción pueden sentir que la atención plena es uno de esos nuevos sistemas de creencias que realmente no se relaciona con sus vidas. Mira el modelo Maslow de lo que los seres humanos necesitan en sus vidas y encontrarás que aparte de lo obvio, como la comida y el refugio, también necesitas todos los elementos enumerados en la jerarquía de necesidades que Maslow creó como modelo para ayudar a las personas a alcanzar la autorrealización o convertirse en la mejor persona en la que puedan llegar a ser. Usted sabe a sí mismo que tiene problemas de ira, así que ¿dónde en la escala entra eso en la imagen?

Sabemos que necesitas comida y refugio y tal vez incluso necesitas el trabajo que haces y propósito en la vida. También necesitas hacerte tan seguro como puedas y sentirte seguro sobre la vida. El amor y la pertenencia vienen a continuación en la escala, y las personas que siempre están enojadas y poco probables de amarse mucho a sí mismas en absoluto. De hecho, la atención plena te ayuda a construir esa parte de tu vida para que puedas igualmente dar respeto y amor y recibirla porque te vuelves más digna de ella cuando tienes tu ira bajo control.

La atención plena te ayuda a relacionarte con los demás. Te muestra el mundo como deberías verlo en lugar de simplemente ver tu propio punto de vista. Cuando eres tan estrecho de mente como para pensar que tu punto de vista es el único que importa, es poco probable que seas capaz de relacionarte con otros para hacer amigos. Por lo tanto, para obtener el amor y la pertenencia que necesitas, la atención plena te ayudará a ser más consciente de tus acciones, tus interacciones y tus relaciones con otras personas.

Entonces encontramos el área llamada autoestima. ¿Crees que eres una buena persona? ¿Crees que tu ira sirve para hacerte sentir bien contigo mismo? Claro que no. De lo contrario, ¿por qué estaría buscando soluciones? Bueno, la atención plena también tiene una respuesta a ese dilema, porque al silenciar la mente, en realidad tienes la oportunidad de volver al aprendizaje básico sobre ti mismo, y eso vale la pena porque te ayuda a construirte a ti mismo y convertirte en la persona que quieres ser. No hay restricciones en quién puedes ser, y cuando empiezas a ser consciente de los lados positivos de tu personaje, empiezas a gustarte más. Ciertamente, no te gustará el lado de ti mismo que se enoja, pero si usas la atención plena, empezarás a gustarte el lado de ti que puede resistir la ira.

La capa superior de Maslow Hierarchy of human needs es la auto-actualización. ¿Qué significa esto? Bueno, significa alcanzar lo mejor de ti. No puedes sentir que has llegado lo mejor de ti cuando eres traído de vuelta a la tierra con un golpe por tu propia ira. La ira es una falta de control. Es negativo. Ya sabes que duele a los que te rodean, pero hace mucho más daño a tu largo plazo. Las personas que están permanentemente enojadas a menudo no les gustan a sí mismas, por lo que nunca pueden alcanzar realmente los picos de la auto-realización. Este es el punto en el que encuentras que estás feliz con quién eres, independientemente de los defectos humanos, y donde sientes que has alcanzado el pináculo de entender tu vida y ser feliz con ella.

Si echas un vistazo a tu alrededor a personas infelices, siempre habrá una causa para esa infelicidad, y siempre será algo que se muestra en la Jerarquía Maslow de necesidades. Por ejemplo, una persona sin hogar que no puede alimentar a sus hijos no tendrá todas sus necesidades satisfechas, y esto se debe a que sus necesidades fisiológicas básicas no están siendo satisfechas. Alguien más que no tiene amigos no encontrará la felicidad porque parte del modelo Maslow exige que un ser humano tenga conexiones humanas y aceptación de los demás como parte del camino hacia la felicidad. La razón por la que utilizo este modelo para demostrar la forma en que funciona la vida es porque es posible que necesites un poco de combustible adicional a tu fuego para hacerte tomar acción y tomar la ruta de la atención plena en serio. No son sólo las personas que pensaron en la atención plena lo que usaría estos métodos para mejorar sus vidas, como puede ser visto por el modelo Maslow. Necesitas todos estos atributos para encontrar la felicidad humana y la atención plena te ayuda a encontrarlos.

Cuando aprendes a vaciar la mente de las cosas que no tienen ninguna consecuencia para ti, tienes una mayor capacidad para encontrar soluciones a problemas que de otra manera podrían haberte causado ira. Imagínese la plenitud de la mente en este día y edad moderna, y no es de extrañar que la gente se enfade. Sus mentes están llenas de todo lo que han visto en la televisión, Internet, así como pensamientos sobre el trabajo, sobre las relaciones, los logros y pensamientos sobre la sociedad en general, por no hablar de las expectativas de sí mismo y de los demás. Buen dolor, no es de extrañar que tantos millones de personas en todo el mundo estén buscando ayuda con sus problemas de salud mental. Así que, perder los estribos y no ser capaz de manejar tu ira es sólo la punta del iceberg. Mindfulness te ayuda a vaciar todas las cosas que realmente no importan y comenzar a reconocer las que sí importan. Ya no sientes que tienes que mantenerte al día con los demás, pero debido a esta falta de autocompuestación, por lo general puedes lograr sobresalir sobre ellos en lugar de simplemente mantenerte al día. Cuando vacías tu mente de todo el desorden que se acumula a lo largo de tu vida, tus prioridades cambian. Usted es capaz de ver la imagen completa, y usted se encarga de todas las necesidades que se muestran en el modelo Maslow a través de su atención plena.

La gente a menudo piensa que la palabra mindfulness representa una imagen de una mente que está llena cuando, de hecho, lo contrario es la verdad. Cuando tu mente está vacía de las frivolidades de la vida que no importan, puedes pensar más claramente. No significa que no puedas divertirte. De hecho, usted encontrará esta desenfadada que usted siente que es parte integral de la atención plena a medida que se vuelve más consciente de la gente a su alrededor, e incluso sus hijos pueden mostrarle cómo divertirse si usted es lo suficientemente abierto de mente como para que ellos le guíen simplemente. También puede encontrar su ruta creativa en la vida; tu cerebro está menos cargado con todas las falsas promesas de los anuncios o las expectativas que sentiste que tenías que vivir a la mejor. El hecho es que las únicas expectativas que importan son en este momento. Espero en este momento que voy a llegar y tomar mi café y disfrutar a fondo. Eso es la vida. Son una serie de momentos, y de alguna manera la gente que demuestra ira ha olvidado que la ira no sirve para nada. No corrige errores, y crea negatividad e incluso puede herir a otros a largo plazo.

Recuerdo haber discutido algo que un niño hizo con sus padres. El niño había robado algo, pero no podía entender por qué el niño necesitaba hacer eso. El hecho era que el niño estaba buscando atención, y la única vez que recibió la atención de su padre fue cuando hizo algo malo. En cualquier otro momento, su padre estaba demasiado ocupado trabajando o compitiendo con el mundo.

Cuando se dio cuenta de su error, comenzó a pasar más tiempo con su hijo, pero las consecuencias de no cambiar habrían sido drásticas. Por ejemplo, su hijo sólo habría tenido recuerdos negativos de su padre cuando creció. No sabría que su padre era capaz de divertirse. La vida pasa demasiado rápido, y el tipo con el que estaba hablando apenas estaba empezando a aprender mindfulness. Cuando entendió el error de sus caminos, se lo dijo a su hijo, y hablaron de maneras en que podían pasar más tiempo juntos y detener toda la ira en sus huellas. Los niños nos enseñan mucho sobre la vida, pero los padres que no buscan esas lecciones aprenden muy poco. La atención plena te ayuda a detenerte y ver lo que es dolorosamente obvio para un niño. El niño aún no se ha visto malcriado por la percepción de la sociedad de cómo debe ser un ser humano, y los niños son mucho más conscientes en su enfoque de la vida que los adultos. En muchos países, los niños están incluidos en las sesiones de meditación, y son mucho más receptivos que los adultos y son capaces de utilizar esto para calmar sus preocupaciones y llegar a ser mucho más seguros de sí mismos.

En el mundo occidental, todavía no hemos llegado a esa etapa, pero es una buena idea comenzar su viaje de atención plena ahora porque todos a su alrededor se beneficiarán de su enfoque consciente. No sólo harás tu propia vida más feliz, sino que también contribuirás a la felicidad de los demás. Esa es una meta maravillosa, ¿no es así y te ayuda a trabajar hacia lo que Maslow dice que es el objetivo más alto de los seres humanos en su difícil situación de felicidad. Puedes darte cuenta tanto si corres a través de las categorías que Maslow creía que contribuyeron a la felicidad humana y luego tratas de marcar las casillas en aquellas áreas donde eres feliz dentro de tu propia vida y trabajar en áreas que sientes que son débiles. Como alguien que está tratando de controlar la ira, los placeres probables que te faltan están en las relaciones humanas con los demás y con tu autoestima. Trabaje en ellos a través de la atención plena, y el resto caerá en su lugar por sí solo.

Hay mucho para que disfrutes cuando eres capaz de perdonarte a ti mismo y a los demás por cosas que pueden haber hecho. Cuando guardas rencor, estás pisando el terreno fangoso, y realmente no puedes encontrar una fortaleza. Sin embargo, cuando eres capaz de dejar ir y perdonar, a través de prácticas conscientes, descubrirás que te gustas más y puedes relacionarte con los demás de una manera mucho más amigable. Perdónales su falta de habilidad para dejar rencor también porque no es tu debilidad. Es de ellos.

Espero que este capítulo les haya ayudado a persuadirle de que hay algún mérito en el consejo de expertos que dicen que la atención plena puede ayudar a su vida de muchas maneras diferentes. Incluso Maslow estuvo de acuerdo con este principio; todas las áreas tocadas son aquellas a las que apuntas cuando comienzas el viaje hacia la atención plena.

Conclusión

Sé que cuando empezaste a leer este libro, eras escéptico acerca de lo que la atención plena podía hacer para ayudarte a superar tus problemas de ira. Por ahora, deberías haberte dado cuenta de que la atención plena requiere tu entrada y acción. Significa cambiar su enfoque de la vida, y cualquier persona puede hacerlo con la voluntad de cambiar. Sin embargo, mindfulness hace más que eso. Cambia tus valores, y te hace una persona más feliz porque empiezas a entender el vínculo entre tú y el universo. También esperas un cambio y aprovechas al máximo cada momento de tu vida porque sabes que si no lo haces, no tienes una segunda oportunidad en ello. Este momento es el momento más importante de tu vida porque es el único momento que importa. Lo que haces en un momento afecta al siguiente y al siguiente, así que estar presente en el momento es a tu favor.

Hay muchos ejercicios dentro de este libro , algunos de los cuales pueden parecer un trabajo duro, mientras que otros parecen divertidos de probar con su familia. Sin embargo, tienes que preguntarte por qué viniste a ver este libro en primer lugar para darte la motivación para marcar la diferencia. La ira te devora. Una vez intenté demostrarle esto a alguien que se sintió enojado con su hermana. ¿Su hermana sufrió de esa ira? Su hermana vivía a muchos kilómetros de distancia y probablemente no era consciente de su ira mientras continuaba guardando rencor, y estos rencores comenzaron a comer en la calidad de su vida. Su hermana no era consciente de su ira hacia ella; ella no sufrió en absoluto porque estaba demasiado ocupada viviendo su vida. Tienes que aceptar que la ira no se devora a aquellos a quienes se dirige, aunque puede afectarlos, especialmente si la ira hace que esa persona sienta cualquier forma de falta de autoestima. Sin embargo, la ira, en general, tiene más efecto en la persona que la está exhibiendo. Durante muchos años, creí que la ira que experimenté cuando era niño era responsable de la forma en que me acercaba a la vida, y aunque desempeñaba un papel, finalmente tuve que aceptar que era mi percepción de ese evento que se deformaba hacia la decepción, los problemas de autoestima e incluso culpar a alguien de mi pasado por el papel que desempeñaron en mi angustia. Era sólo una pequeña situación y nada de importancia para nadie excepto para mí, como aprendí mucho más tarde en la vida, y de hecho, había fabricado mi versión de algo que sucedió años antes. Lo más probable es que gran parte de lo que te enoje ya ni siquiera existe. A veces es un choque de perspectivas, y eso es todo.

Mindfulness te ayuda a olvidarte del pasado y seguir adelante, en la medida en que construyes tu propia personalidad. Es mucho más poderoso que aferrarse al pasado y usarlo como excusa para no desarrollarse. La culpa es infructuosa. No hace nada mejor y se produce como resultado del juicio. Juzgas que alguien más te enojó. El hecho es que tu percepción de ese evento te enojó. Lo que sucede cuando estudias la atención plena es que dejas caer ese juicio, por lo que ya no juega ese papel negativo en tu vida.

Empiezas a abrazar más la diversidad y puedes ver las cosas desde muchas perspectivas, lo que te hace más poderoso, en lugar de menos poderoso. Te ayuda a desarrollarte como ser humano, y aunque los primeros pasos de tropezar hacia la atención plena pueden parecer no hacer nada, no lo creas. Funcionará y funcionará, y cuanto más lo practiques, más te ayudará a cambiar ciertas cosas sobre ti y tu relación con el mundo que te rodea:

- Se sentirá más saludable

- Tomará decisiones más saludables

- Disfrutarás más de la vida

- Usted será más consciente de los demás

- No juzgará a las personas

- No tendrá miedo del juicio de otras personas

Estas son motivaciones muy poderosas para seguir practicando la atención plena, especialmente en esta época.

Le sugiero que vuelva a través de las páginas del libro y lleve a cabo los ejercicios que han sido diseñados para presentarles la atención plena. Si involucran a otras personas, involucra a tu familia o amigos. Mantén una mente abierta mientras comienzas la meditación consciente. Una mente abierta es una parte muy importante de la atención plena, así que asegúrate de aprender los métodos de respiración que se te han mostrado en este libro, ya que estos te ayudarán en los primeros días de tratar de controlar tu ira. El manejo de la ira nunca ha sido tan fácil. Está abierto a todos los que quieren probar la atención plena, e incluso se puede criar a sus hijos para ser conscientes, sentándose y observando lo que está pasando en el mundo, ya sea en la naturaleza o compartiendo información que es relevante para este momento. Dales la oportunidad de ver el mundo desde otra perspectiva.

El manejo de la ira significa que también necesitas abordar tus actos ilícitos. Si sabes que has afectado la vida de otras personas debido a tu temperamento, entonces no es mala idea hacerles saber a esa gente que no querías ofenderte. Cuando haces esto, te ayuda a ser más consciente en el futuro cuando se trata de responder a situaciones y desencadenantes que comienzan esa sensación de necesidad de ventilar. Respira, piensa las cosas y sé en el momento, en lugar de mirar siempre la vida a través de la retrospectiva o anticipandola antes de que suceda. Cuando aprendas la manera consciente de lidiar con la vida, la ira habrá ido, y te habrás convertido en una mejor persona para ello.

Referencias

¿Qué pasa cuando pierdes los estribos?

https://www.medicalnewstoday.com/articles/190522.php#1

Cómo la meditación puede remodelar nuestros cerebros: Sara Lazar en TEDxCambridge 2011

https://www.youtube.com/watch?v=m8rRzTtP7Tc

www.ingramcontent.com/pod-product-compliance
Lightning Source LLC
Chambersburg PA
CBHW061537050726
47593CB00002B/815